NICK YOUNG

ROBIN WILLIAMS

HOLLYWOODSTAR MIT HERZ

Ein cinema Buch

BASTEI-LÜBBE-TASCHENBUCH
Band 61243

Bildnachweis:

Alpha: S. 190 o.
dpa: S. 184
Bildarchiv Peter W. Engelmeier: S. 190 u.
cinema: alle übrigen Fotos

Originalausgabe
© 1992 by Gustav Lübbe Verlag GmbH, Bergisch Gladbach
Printed in Germany, Juni 1992
Umschlaggestaltung: Gisela Kullowatz
Bildmaterial: Archiv cinema
Satz: Fotosatz Böhm, Köln
Druck und Bindung: Ebner Ulm
ISBN 3-404-61243-4

Der Preis dieses Bandes versteht sich einschließlich der gesetzlichen
Mehrwertsteuer

Inhalt

Vom schüchternen Schelm zum besten Komiker Amerikas:
Die Robin-Williams-Story I 7

Ein Serienheld dreht durch:
Die Robin-Williams-Story II. 22

Comicverfilmung als Kinodebüt:
»Popeye, der Seemann«. 37

Durchbruch:
»Garp und wie er die Welt sah« 52

Eine Menge Erfahrungen:
»Die Überlebenskünstler« 71

Kein kalter Krieger:
»Moskau in New York« 81

Knapp daneben:
»Rocket Man« im »Club Paradise« 99

Der erste Oscarverdacht:
»Good Morning, Vietnam« 112

Pauker mit Weltsicht:
»Club der toten Dichter« 132

Meisterwerk mit Tiefgang:
»Zeit des Erwachens« 150

Abgefahrene Techno-Komödie:
»Cadillac Man« 164

Die wichtigste Rolle:
»König der Fischer« 177

Zwei Gastrollen und viel Privatleben:
Die Robin-Williams-Story III 195

Spielberg und das neue Superprojekt:
»Hook« 205

Alle Filme auf einen Blick 223

Bibliographie 225

Vom schüchternen Schelm zum besten Komiker Amerikas:
Die Robin-Williams-Story I

Beinahe unbemerkt hat sich Robin Williams in den vergangenen zehn Jahren in den Olymp der Superstars manövriert. Das ist nicht einfach für jemanden, dessen Beruf Komiker ist. Normalerweise sind es Action-Helden wie Schwarzenegger und Stallone, die die Box-Office-Listen anführen, und wenn nicht die, dann sind es die wenigen Charakterstars, die wie Dustin Hoffman oder Robert De Niro durch härteste Arbeit ganz nach oben kommen. Als eher untersetzter, stark behaarter, kleiner Mann Karriere zu machen, ist gerade im Film-Mekka Hollywood nahezu unmöglich. Doch Williams hat es vermocht, gegen alle Klippen sowohl im beruflichen als auch im privaten Bereich anzusteuern und sich durchzubeißen.

Aber welche seiner Filme begründen denn den unglaublichen internationalen Ruhm, den Williams heute genießt? Seine Fernsehserie »Mork vom Ork« sicherlich nicht. Für die meisten heißt es bei deren Nennung doch nur »Ach, der war das«. Seine Darstellung als »Popeye« leider auch nicht — das war zwar ein sehr lustiger Film der Walt-Disney-Studios, aber Stars werden anders geboren. Nur die absoluten Comedy-Fans (in

Amerika sind das allerdings viel mehr als anderswo auf der Welt) wußten schon früh, was für ein Juwel da unter den Witzbolden im Medienbusineß groß wurde. Wenn der frühe Robin in Comedy-Clubs auftrat, waren diese überfüllt, weil niemand so wunderbar die Leute zum Lachen bringen konnte, weil niemand so intelligent die anderen aufs Korn nahm und sich einmischte – sei es in die Schlafzimmer der Familie Nobody oder in die große Weltpolitik. Dennoch, die Comedy-Stores, die von einigen hundert Insidern besucht waren, und die ersten Fernseherfolge ließen zwar ahnen, daß da ein Genie war, aber war dieses Genie auch in der Lage, sich im rauhen Mediengeschäft durchzusetzen? Das erste, was eine breitere Öffentlichkeit von Robin Williams wahrnahm, war nicht einmal etwas Positives – denn man brachte ihn mit Drogen in Verbindung, und es hieß, er sei in der Nacht vor John Belushis Tod durch eine Überdosis mit dem Kollegen zusammengewesen. Filme wie »Garp und wie er die Welt sah«, »Moskau in New York«, »Rocket Man« und selbst der seichte »Club Paradise« liefen nicht schlecht, aber von einem Star Robin Williams, über den man vielleicht sogar ein Buch lesen wollte, war zu dieser Zeit noch keine Rede. Doch er war gereift, hatte glaubhaft versichert, mit Drogen nichts bzw. nichts mehr zu tun zu haben, hatte einen Sohn gezeugt und unter der Regie von Barry Levinson den Film »Good Morning, Vietnam« abgedreht – eine ernste, einmal ganz andere Aufbereitung des amerikanischen Traumas vom verlorenen Krieg aus der Sicht eines Rundfunksprechers, der die Soldaten vor Ort mit Witz und Laune aufmöbelt. Endlich wurde sein feuerwerkartig sprudelndes, geniales Mundwerk über die Grenzen der USA hinaus bekannt, endlich wußte ein breites Publikum, daß dieser Mann aus dem Herzen heraus Spaß macht und nicht lang für seine Rollen lernen muß. Und vielen war klar, daß dies erst der Beginn der Karriere eines genialen Schauspielers und Komödianten war. Gleich sein nächster Film, Peter Weirs »Club der toten Dichter« brachte ihm eine Oscar-Nominierung, eine Ehrung übrigens, die dem bescheidenen Künstler relativ egal war, wie er sagte. Immerhin, der »Club der toten Dichter« war die Abkehr von der reinen Komödie, die Hinwendung zum ernsten Schauspiel. »Die Zeit des Erwachens«, nur wenig später, war dann ein Film, in dem Williams fast sein konnte, wie er vielleicht gern gewesen wäre, wenn er nicht Komiker geworden wäre. Seit dem »König der Fischer« weiß nun wirklich jeder, wer Robin Williams ist — Anfang 1992 wurde er dafür mit dem Golden Globe, dem Preis der Auslandspresse Hollywoods, ausgezeichnet. Daß er in Spielbergs »Peter Pan«-Verfilmung die Hauptrolle spielt, macht ihn zum Mitglied der »Top Ten« in Hollywood, also jenen Mega-Stars, zu denen sonst nur die Action-Helden gehören, jedenfalls keine Komiker. Kollege Eddie Murphy hat schließlich lange keinen erfolgreichen Film mehr gehabt, außerdem fehlt ihm die Klasse eines Robin Williams.

Der Megastar unter den amerikanischen Komikern

Alles begann in Chicago, wo Robin am 21. Juli 1951 geboren wurde. Die Grundschule besuchte er in Lake Forest, Illinois, ganz in der Nähe. Später ging er auf eine private Tagesschule in Birmingham, Michigan. Sein Vater Robert Williams war ein Boß bei Ford in Detroit, und so kam es, daß die Familie auch einige Zeit dort verbrachte. Obwohl nicht besonders groß gewachsen, war der kleine Robin ein sportbegeisterter Junge mit athletischem Talent – dem Sport galt sozusagen seine erste Liebe. Schnell zeigte sich, daß er auch hochintelligent war – in der Schule hatte er nicht die geringsten Probleme mitzukommen. Er galt als schüchtern und einsam und seine Mutter, Laurie Williams, versuchte ihn oft aufzuheitern und unter Leute zu bringen. Sie stammte aus New Orleans, hatte dort in jungen Jahren als Model gearbeitet und so ersten Kontakt zum Show-Busineß gehabt. Es lag ihr viel daran, Robin dazu zu bringen, aus sich herauszugehen. Und das tat er dann auch – im zarten Alter von zwölf Jahren begann er, seiner Mutter die ersten kleinen Stücke vorzuspielen, andere Leute nachzuahmen und herumzualbern. Weil er sich nicht traute, vor den Klassenkameraden seine Scherze zu machen, mußte seine Mutter als erstes »Publikum« herhalten. Und Laurie Williams war eine wunderbare Zuhörerin. Sie war selbst komisch begabt und reagierte spontan auf die Späße ihres Sohnes. »Ich glaube, die Comedy war ein Teil meiner Art, mich mit meiner Mutter zu verbinden. Sie war immer lustig«, erzählte Robin Williams in vielen Interviews über die Herkunft seines Talents, »alles, was sie in Talkshows sah, konnte sie in kleinen Sketchen mit mir verarbeiten. Und ich brachte sie zum Lachen, das ist doch in Ordnung gewesen. Ja, so fing alles an.« Es fügte sich, daß Laurie Williams die Fähigkeiten ihres Sohnes erkannte und förderte. »Vielleicht wollte ich einfach nur mit meiner Mutter rumalbern. Wissen Sie, ich wußte immer schon, daß mir das vorbestimmt war. Es war mir wirklich nicht bestimmt, Versicherungen zu verkaufen.«

Vater Robert war das Gegenteil der Mutter. Sie war weltoffen, lustig und laut, er eher scheu, ruhig und verschlossen. Ein knallharter Manager, streng und ein wenig konservativ. Er wirkte britisch und aristokratisch, so sehr, daß Verwandte ihm den Spitznamen »Lord Stokesbury – Vizekönig von Indien« gaben, in Anlehnung an einen Kolonialisten aus dem Vereinigten Königreich. Robin machte daraus später »Lord Posh«. Vater Robert stammte aus einer sehr reichen Familie, die ihr Geld mit Eisenerzen und Holz verdient hatte. Zwar hatten die Eltern einen großen Teil des Reichtums durchgebracht, doch Robert gelang es, die Familie vor dem Ruin zu retten. Selbständiger Unternehmer allerdings war er nie geworden, dafür erhielt er einen Top-Job in der Industrie. Von ihm wurde Robin auf das Leben vorbereitet: »Du kannst niemandem trauen«, bleute ihm der Vater früh ein, »du mußt aufpassen wie ein Schießhund, sonst legen sie dich rein.«

Robin Williams wuchs als typisches Kind des

wohlhabenden amerikanischen Mittelstandes auf, immer in dem Bewußtsein, daß ihm letztlich nichts passieren konnte.

Die einzige Angst, die ihn dennoch umtrieb, war die, daß seinen Eltern etwas zustoßen könne. »Ich wollte auf gar keinen Fall einsam sein«, sagt er heute, »das war für mich das schwerste Unglück. Man muß fast vierzig Jahre alt werden, um zu lernen, wie man überlebt.«

Die Eltern hatten ihn immer in jeder Hinsicht unterstützt, materiell wie psychisch, und wollten aus ihm einen erfolgreichen Menschen machen. Doch genau das mißfiel Robin schließlich, er empfand den Job des Vaters und die Bürgerlichkeit der Familie schon früh als Fassade, über die er später in seinen Sketchen herziehen konnte. Lange Zeit pflegte er seinem Publikum mitzuteilen, wie sehr er seine Eltern liebte: »Mama war eine Jungfrau für mich und Papa der Gott«. Erst viel später, als er selbst Filme wie »Zeit des Erwachens« drehte, zeigte er Verständnis für die Wünsche seiner Eltern, ihn bürgerlich zu erziehen. In vielen Interviews bekannte er, daß ein Teil der darstellerischen Intensität, die er zeigte, seinem Vater nachempfunden war: »Er hatte eine große Kraft. Er war nie gehetzt, und wenn es nicht so lief, wie er meinte, daß es laufen müsse, ging er einfach.«

Robin Williams brauchte lange, um Erfolg zu haben, und ist heute davon überzeugt, daß ihm seine Eltern dazu verholfen haben – und er ist insbesondere davon überzeugt, daß auch die

Phase der Auflehnung und des Sich-Freimachens absolut notwendig war.

Robin Williams war ein hervorragender Schüler, dem relativ viele Wohnortwechsel seiner Eltern fast nichts ausmachten — er kam immer gleich gut mit, ob in Chicago, Detroit, San Francisco oder Los Angeles. Als sein Vater sich von der Arbeit zurückgezogen hatte, ging die Familie in den Norden Kaliforniens, ins Marin County, nach Tiburon, etwas nördlich von San Francisco. Doch Robin wollte keineswegs in einen Management-Job wie sein Vater, er wollte unter allen Umständen Schauspieler werden oder — noch lieber — Komiker. Seine letzten Schuljahre verbrachte er an der Redwood Highschool, den Abschluß machte er im Jahre 1969 — einige Lehrer dieser Schule dürften sich in seiner Darstellung des Lehrers Keating im »Club der toten Dichter« wiederfinden...

Am Claremont College in der Nähe von Los Angeles schließlich vervollständigte er seine Studien und besuchte einen Improvisations-Kurs bei Dale Morris, einem Mitglied der Komiker-Gruppe Synergy Trust. Nun stand fest, daß das sein Lebensinhalt werden würde.

Auf die Komödien-Bühnen des Landes wollte er, daran arbeitete er wie ein Besessener, und so war es selbstverständlich, daß er sich gleich nach der Schule an der ehrwürdigen Juillard-Drama-School einschrieb, um alles, was mit Schauspiel zusammenhing, erst einmal richtig zu erlernen. Dort werden neben Stimmen-, Bewegungs- und Rollentraining vor allem auch Kenntnisse des klassischen griechischen Theaters vermittelt, die bis heute bei Robin nachwirken. Williams lernte beharrlich, und nebenher bemühte er sich, zu improvisieren und seinen Instinkten zu folgen. Er war ehrgeizig und wollte besser sein als andere. Das Schwierigste war für ihn — und ist es heute noch —, den Witzbold und Spaßmacher Robin Williams vom ernsthaften Schauspieler zu trennen. Abends aufzutreten und stundenlang zu improvisieren und tagsüber nach starren Regeln Theater zu lernen, ist das Schwierigste für einen Künstler.

»Comedy und Schauspielen«, vergleicht er gern selbst, »sind wie Drachenfliegen und Ölbohren. Wenn ich improvisiere, fühle ich die totale Freiheit, beim Schauspielen bin ich natürlich eingeschränkt.«

Klar, daß er viele Jahre das freie Witzemachen bevorzugte, schließlich ist er der Beste, den Amerika in dieser Beziehung hat, der einzige, mit dem ihn die Kritiker vergleichen, ist sein farbiger Kollege Richard Pryor. Williams ist übrigens bis heute der einzige Komiker, der einen eigenen großen Live-Auftritt in der New Yorker Metropolitan-Oper hatte. 1986 fand »Robin Williams Live at the Met« statt, ein großartiger Abend, an dem er sich mit seinen Späßen selbst übertraf, wenngleich »ich da doch ein bißchen viel drüber nachgedacht habe vorher.«

Das spontane Element, sich immer und zu jeder Zeit in andere Personen hineinversetzen zu können, ihre Sprache zu imitieren und sie gleichzeitig noch zu veralbern, das ist die Spezialität von Williams — in seinen Kinofilmen kommt sie leider manchmal zu wenig heraus. Nur in »Good Morning, Vietnam« erhält der comedy-unerfahrene Zuschauer einen kleinen Eindruck von dem, was der Künstler sonst stundenlang am Stück zum Besten gibt.

An der Juillard-Schule in New York lernte er drei Jahre lang einige Techniken, die er heute anwendet. »Es half mir viel, zu wissen, wie man die alten Shakespeare-Verse in modernen Sprech-Rhythmus umwandeln konnte«. Seine Mitschüler waren zum Beispiel Kevin Kline, Mandy Patinkin und Christopher Reeve. Reeve wurde einer seiner besten Freunde.

»Es gefiel ihm nicht in New York«, erzählte Reeve in einem Interview mit der Zeitschrift Newsweek. »Er war ein typischer kalifornischer Junge mit Karate-Outfit, der mit den Menschen dort nicht klarkam.« Doch seine Fähigkeiten, Leute nachzumachen, verschaffte ihm überall Achtung, manchmal so viel, daß ein Lehrer fragte: »Wie klingt eigentlich deine eigene Stimme?«

Einen Abschluß an der Juillard-School machte er nie. Er kehrte wieder an die Westküste zurück.

In San Francisco bekam er die Nachwehen der Flower-Power-Zeit der frühen 70er Jahre mit und übte sich erstmals professionell im Improvisieren: Die Mitglieder des »Committee«, einer freien Theatergruppe jener Tage, waren seine favorisierten Helden.

»Es klang brillant, was sie machten und ich war so enttäuscht, als ich eines Tages erfuhr, daß vieles von dem, was sie taten, gar nicht frei improvisiert war, sondern vorher geschrieben und auswendig gelernt. Ich nahm mir vor, auch ohne Script so gut zu werden wie die.«

Natürlich gibt er zu, daß es reines Improvisieren nicht gibt — selbst bei ihm ist es eher die Ausnahme. Er hat zum einen sein inzwischen gigantisches Arsenal an Witzen und deren Abwandlungen im Kopf, abgespeichert wie auf einer riesigen Computerfestplatte, zum anderen braucht er den Input der Tageszeitung, des Publikums, auf das er direkt eingeht. Was immer ihn umgibt, kann Inspiration sein.

Wenn er nicht andere Leute, ob prominent oder nicht, nachmachen kann, ist er unglücklich. Seine Lieblingsrollen, in die er während der Shows immer wieder schlüpft, sind klar: Die Marx Brothers. Groucho ist sein großes Vorbild, aber Chico eignet sich besser zum Nachmachen. Heinrich der Achte (warum wohl?), Albert Einstein, Sylvester Stallone und natürlich immer wieder irgendwelche Nazis mit deutschem Akzent und rollendem R. Jüdische Mütter, Schwarze aus dem Ghetto, und Yuppies, wie man sie sich vorstellt. Manchem Reporter diktiert er ins Mikrofon wie Chico Marx, der gerade ein Picasso-Gemälde kritisiert: »Hey, thatsa no good? Where's the rest of the lady? She'sa gotta no breasts?« zu deutsch: »Hey, dascha man nich' gut. Wo issen der Rest von der Dame? Die hat ja keine Brüste«. Immer nimmt er das Gegebene zum Anlaß, um es zu übersteigern oder ins Gegenteil zu verkehren. Die Quelle aber muß immer bekannt sein. Man braucht ihm nur ein Stichwort zuzuwerfen, wenn er gerade selbst keins hat (was selten genug vorkommt), und schon kann er ansetzen. Es kann auch geschehen, daß er sich vornimmt, einen Abend auf eine ganz bestimmte Art zu gestalten, weil er sich auf gewisse Themen vage vorbereitet hat. Aber irgendetwas bringt ihn aus dem Rhythmus und sein unbremsbarer Redefluß wird in eine andere Richtung gelenkt – schon ist das ursprüngliche Thema weit weg. Und die Themen sind natürlich unerschöpflich. Kommt es vor, daß der Komiker gänzlich unvorbereitet eine solche Sitzung beginnt, hält er sich schadlos am Publikum, beginnt vielleicht mit einer kleinen Beschimpfung, um dann aus einem Dialog mit einigen Anwesenden zu schöpfen und seiner Sammlung von Pointen weitere hinzuzufügen.

Wirklich alles kann zum Thema werden, und über alles kann er Witze machen, zum Beispiel auch über die primären männlichen Geschlechtsorgane. Es ist vorgekommen, daß er sich während eines Auftritts bei einer Wohltätigkeitsveranstaltung an einen Jugendlichen im Publikum wendete und ihn fragte: »Wie alt bist du?« Als der Junge sagte: »Elf Jahre«, antwortete Williams: »Darfst du dann überhaupt schon hier sein?« und verkniff sich ein paar seiner allerschmutzigsten Witze. Einen Scherz aber wie »Kokain ist Gottes Art, dir zu sagen, daß du zu viel Geld hast«, wird er sich wohl auch in solchen Situationen zutrauen.

Zurück zu seiner Lebensgeschichte. »Als ihm irgendjemand ein Hawaii-Hemd gab, waren plötzlich die Mädchen da« — und von diesem Augenblick an ließ er nicht nur keine Gelegenheit aus, es zu machen, sondern auch darüber zu reden.

Oft hat er zum Besten gegeben, er sei früher fett gewesen. Seine Mutter verneint das ganz entschieden und fragt sich: »Warum sagt er so etwas? Er war nicht fett.« Weil er, wie jeder lustige Mensch, einfach nur zum Spaß Dinge sagt, die nicht stimmen. Seinen Geburtsort zum Beispiel, in Wahrheit Chicago, hat er in vielen Shows und Interviews mit Edinburgh, Schottland, angegeben — sogar das namhafteste deutsche Nachschlagewerk, das Cinema-Starlexikon, bezeichnet diese Stadt als Williams' Geburtsort.

Um in San Francisco von irgendetwas zu leben — außer von Luft und Liebe — (»Von beidem hatte ich viel zu jener Zeit«) —, versuchte er es wie die »Committees« in Comedy-Clubs — und wurde prompt genommen. »Das habe ich nur gemacht, um gegen die Depressionen anzukämpfen, die ich bekam, als mich eine gute Freundin verlassen hatte«. In Kalifornien machte er erste Bekanntschaft mit Drogen, die für ihn, wie er erst viel später bekannte, »eine Zeitlang mehr Freiheit bedeuteten.« Heute dazu: »Wenn du so wenig Erfahrung im Leben hast, weißt du ja nicht, wie kaputt du gehen kannst«. Robin, immer schon ein großer

Glückspilz, traf in dieser kritischen Situation auf Valerie Velardi, eine Tänzerin, und lebte schon wenige Tage später mit ihr zusammen. Ein halbes Jahr später heirateten sie, und er verdiente seinen Lebensunterhalt in obskuren kleinen Clubs in San Francisco und Los Angeles. In Los Angeles beschäftigten ihn zudem einige Fernsehstationen gelegentlich mit Mini-Rollen, aber es war weder etwas Festes noch etwas aus seiner Sicht Vernünftiges dabei. »Vielleicht hätte ich ein wenig Werbung gemacht, aber sie haben mir zu dieser Zeit nichts angeboten«, sagt er heute. Später, als er bekannt und berühmt war und solche Angebote auf ihn zukamen, entschied er: »Sie bieten mir unglaubliche Mengen Geld. Aber ich will das nicht, denn damit schwindet das Bewußtsein.«

Williams merkte zu dieser Zeit immer mehr, daß er viel Publikum brauchte für seine Art, Komödie zu machen — die Mutter allein konnte ihm ganz sicher nicht mehr genügen. »Ich habe plötzlich festgestellt, daß ich das gar nicht mehr wollte, nur zu einer Person zu reden«, sagt er, »ich wollte dastehen, vor ganz vielen Leuten, mir an den Schwanz fassen und die totale Freiheit empfinden — je mehr Leute, desto besser. Das ist meine Welt. Das bedeutet für mich, den Drachen zu besiegen. Das gab mir Kraft, und diese Kraft konnte ich auch in mein anderes Leben tragen, ebenso wie ich mein Privatleben auf die Bühne trug. Zuerst fütterten sich diese beiden Leben gegenseitig, und dann war es eine herrliche Symbiose aus beidem.« Er ergänzt, daß diese Auftritte auch seine dunklen Seiten hervorbrachten und daß Drogen sein Bewußtsein erweiterten: »Ich bin im wirklichen Leben ganz normal wie jeder andere. Aber wenn ich auf der Bühne stehe, kann ich über all die tiefen Ängste reden, die da drinsitzen. Dann kann ich Spaß, Ärger, Leidenschaft vermischen und einfach so rauslassen.« Trotz all der Filme, an denen Williams in den letzten 20 Jahren mitgewirkt hat, benötigt er fest arrangierte oder auch spontane Auftritte vor Publikum. »Ohne meine Auftritte halte ich es nicht lange aus«. Die Frage, wie lange er jemals ohne seine Droge »Auftritt« gewesen sei, beantwortete er knapp mit »Vier Wochen«.

Natürlich hat es lange gedauert, bis er so weit war. Jeden Tag hat er seinen Geist trainiert – und auch seinen Körper. An der Schule war er schon ein hervorragender Läufer und mit seinen knapp über 1,70 Meter wieselflink. Und später, als er keine Lust mehr hatte zu laufen, begann er in Sportstudios seinen Körper zu stählen – mit Erfolg, wie man in »König der Fischer« sehen kann. »Ja, das ist die Nacktszene eines kleinen behaarten Mannes«, seufzte er, darauf angesprochen.

Ein Serienheld dreht durch:
Die Robin-Williams-Story II

Wer ist also dieser Robin Williams? Ist er nun ein Komiker, der am liebsten in verrauchten Clubs oder großen Hallen auftritt? Oder ist er doch ein ernsthafter Schauspieler, der sich in die Regeln des Stückes pressen läßt? Oder braucht er beides? Fest steht, daß er 26 Jahre alt war, als sich folgendes zutrug: Williams, bisher ausschließlich in den einschlägigen Comedy-Stores der Umgebung bekannt und im Fernsehen praktisch nur Zaungast, bewarb sich beim TV-Sender ABC um die Rolle eines Außerirdischen für die Fernsehserie »Happy Days«, die im Februar 1978 anlaufen sollte. »Happy Days« war damals sozusagen die Konkurrenzshow zur »Richard Pryor Show«, der erfolgreichen Komödienshow bei NBC, in der Robin Williams von September bis Oktober 1977 kleine Gastauftritte hatte. Die Verantwortlichen von »Happy Days« (doppelt so viele Zuschauer wie Pryor) hatten ein merkwürdiges Anliegen an Mr. Williams: »Setzen Sie sich mal hin wie ein Mann aus dem All«. Ohne lange zu überlegen, machte er einen Kopfstand — und hatte die Rolle.

In einer Episode von »Happy Days« landet ein

Außerirdischer vom Planeten Mork auf der Erde und versucht den Jungen Richie zu kidnappen. Diese Folge der Serie war ein so gigantischer Erfolg für den Sender ABC, daß man sich entschloß, dem lustigen Außerirdischen eine eigene Show zu geben. Die Zuschauer waren wild auf diese Episode, verlangten nach Wiederholungen — und erhielten eine ganz neue Show. »Tanz, Kleiner, tanz«, freute sich Robin Williams über sich selbst. »Mann, das ging von Null auf Hundert. Du kleiner süßer Bastard, jetzt geht's los.« Im Herbst 1978 ging es los, die neue Serie hatte den Titel »Mork and Mindy«, in Deutschland hieß sie später »Mork vom Ork«.

Und das ist die Handlung der Serie: Mork hat auf seinem Heimatplaneten Ork zu viele Witze erzählt, was dem humorlosen Orkanier-Chef Orson mißfällt. Der will sich nämlich nicht »kosmischen Mundgeruch« von Mork andichten lassen und verbannt ihn kurzerhand auf die Erde. Dort soll er die Erdlinge studieren und herausbekommen, was es mit deren merkwürdigen Sitten auf sich hat. In einer großen Eierkapsel landet Mork in der Nähe von Boulder mitten in Colorado. Dort trifft er schnell auf Mindy McConnell, die im Musikladen ihres Vaters Frederick arbeitet. Mork sieht einigermaßen menschlich aus, aber seine eigentümliche Mischung aus menschlichen und orkanischen Qualitäten wie zum Beispiel, Anzüge falsch herum anzuziehen oder sich unter Stühle zu setzen, kommt nicht bei allen gut an. Auch daß er mit der Hand fotografiert und seine Milch mit dem Finger trinkt, stiftet Ärger — kurz man hält ihn für verrückt. Nur Mindy, die natürlich weiß, daß auf dem Ork alles genau anders herum läuft, hat Verständnis und hilft ihm, wo sie kann. Denn Mork kennt zunächst auch keine Gefühle, weiß nichts von Liebe und Haß — das muß Mindy ihm vorsichtig beibringen. Und da es so schwierig ist, alleine in dieser verrückten Menschenwelt zurechtzukommen, läßt Mindy ihn auf dem Dachboden des elterlichen Appartmenthauses wohnen, sehr zum Unwillen ihres extrem konservativen Papas. Gottseidank gibt es noch Cora, die lebenslustige Großmutter, die sich schon bald an den ungewöhnlichen Mitbewohner gewöhnt hat...

Eine ganze Saison lang erfreuen die Abenteuer von »Mork und Mindy« das Publikum in den USA. Die Slapstick-Einlagen sind vergleichsweise einfach, aber genau das trifft den Nerv — die Sendung wird zum Einschaltquoten-Hit. Doch schon in der nächsten Saison machen die Produzenten und Bosse des TV-Senders einen großen Fehler: Sie weisen Robin Williams, zunächst zu dessen Freude, an, doch ein wenig sinniger und ein bißchen hintergründiger zu agieren — die Drehbuchautoren erhalten den gleichen Auftrag. Doch das geht total daneben, die Serie wird beinahe kaputtgemacht. Gleich in der ersten Folge der zweiten Staffel gibt es eine Szene, in der Mindy zum Nichts zusammenschrumpft und in ein Niemandsland aus guten und bösen Karikaturen tropft — starker Tobak für eine simple Slapstick-Show. Außerdem wurden außer Robin Williams und der Mindy-Darstellerin Pam Dawber alle Darsteller ausgewechselt. Der klassische Grundsatz »Never Change A Winning Team« wurde sträflich vernachlässigt, und als schließlich die Sendezeit auch noch von Donnerstag auf Sonntag verlegt wurde, reagierten die Zuschauer mit verständlicher Verwirrung — und schalteten ab. Fast die Hälfte aller Stammzuschauer mochte »Mork und Mindy« nicht mehr sehen — auch für Robin Williams eine Katastrophe. So spürte er schnell, mit welch rasender Geschwindigkeit Ruhm sich ins Gegenteil verkehren kann.

Erst Ende 1979 wußten die ABC-Bosse, daß sie einen Fehler gemacht hatten, und taten alles, ihre Entscheidungen zu revidieren. Mork kam wieder donnerstags auf Sendung, und sogar Mindys Papa Frederick war wieder zurück (von einer Reise als Orchesterdirigent!), aber die famose Oma blieb weiterhin verschollen. Doch das Wichtigste blieben die Drehbücher der Stories, die wieder auf einen verständlichen, einfachen Level gebracht wurden, so daß auch Mr. Jedermann alles verstehen konnte.

Einige neue Charaktere wurden eingeführt. Bruder Remo und Schwester Jean Da Vinci kommen aus der Bronx an... Remo arbeitete zuvor in einem New Yorker Delikatessenladen, um Jeans akademische Bemühungen zu unterstützen.

Außerdem stößt Mindys Cousin Nelson zur Familie, ein Yuppie-Aufsteiger mit politischen Ambitionen; dann Mr. Bickley, ein etwas abgedrehter Nachbar (der auch aus der ersten Staffel wiederbelebt wurde) und schließlich noch Exidor, ein weiterer Orkanier und guter Freund von Mork. Exidor ist ein verrückter Wahrsager und Führer des unsichtbaren Kults der »Freunde der Venus«. Mindy erhält einen neuen Job bei einer lokalen Fernsehstation und hat einen Boß namens Mr. Sternhagen.

Das Unternehmen »Mork and Mindy« funktionierte wieder. Viele Zuschauer der ersten, der besten Staffel kamen im Laufe der Zeit wieder zurück, aber nicht alle — der Anfangserfolg konnte nie wieder erreicht werden. Da entschloß man sich 1981 zu einem spektakulären Schritt, nur noch vergleichbar mit J.R.'s Abgang aus »Dallas«: Mork und Mindy heiraten und verbringen ihre Hochzeitsreise auf dem Ork, der natürlich voller bizarrer Kreaturen ist. Und jetzt wird alles ganz wild, denn Mork bringt einen gesunden Sohn zur Welt: Zunächst spuckt er ein kleines Ei aus dem Bauchnabel, das schnell wächst und wächst und schließlich einen ausgewachsenen Mann ausschlüpfen läßt. Mearth heißt der dickliche Knabe der von dem Komiker Jonathan Winters gespielt wurde, Mork ständig »Mummy« nennt und Mindy mit dem Kosenamen »Schuh« bedenkt. Da auf dem Ork ja alles rückwärts läuft, wird das Kind erwachsen geboren und von Tag zu Tag jünger.

Für Robin Williams war es eine große Freude, mit einem seiner Idole, mit Jonathan Winters, zusammenzuarbeiten. Gemeinsam hatten sie einige der besten Szenen der amerikanischen Fernsehgeschichte, doch das konnte die sinkenden Einschaltquoten der Serie auch nicht mehr aufhalten. Am 10. Juni 1982 lief die letzte Folge von »Mork and Mindy«, auch wenn Hunderttausende von Fans das beweinten. Jonathan Winters hatte nichts mehr bewirkt – wenn überhaupt, wollte man Robin Williams sehen, der sich inzwischen einer riesigen Fangemeinde ausgeliefert sah, die bald wieder etwas Neues von ihm wollte...

Am Ende jeder Episode verabschiedet sich Mork bei seinem Chef Orson immer ohrendrehend mit den Worten »Na nu, na nu« – aber das Markenzeichen der Serie muß leider vom Bildschirm verschwinden, und Mork hat es irgendwie doch nicht richtig geschafft, sich dem hektischen Leben auf der Erde anzupassen...

Auch in Deutschland wurde »Mork vom Ork« zum Erfolg, die Serie erhielt sogar außergewöhnliche Kritiken. »Im Unterschied zu anderer Sciencefiction geht es diesmal nicht darum, mit Spekulationen den Untaten außerirdischer Wesen auf die Spur zu kommen; umgekehrt entdeckt vielmehr eine Fabelfigur die Wirren des menschlichen Seins. In jeder Fortsetzung wird mindestens eine irdische Eigenschaft mit Ironie und Humor durchleuchtet«, schrieb die Basler Zeitung.

Für Robin Williams war die Zeit, in der es mit der Serie bergab ging, die schwierigste seines Lebens.

Er war binnen kurzer Zeit vom Noname zum Somebody geworden, vom Namenlosen zur Berühmtheit. Schon nach der ersten Saison verdiente er 40.000 Dollar pro Woche, mehr als er zuvor in einem ganzen Jahr zusammengekratzt hatte — den elterlichen Scheck miteingerechnet. Und es war das, was er sich immer vorgestellt hatte — hier konnte er erstmals sein Talent Millionen von Menschen vorführen. Mit Einschränkungen zwar, denn die Autoren der Serie hatten am Anfang das Sagen, doch die besten Folgen waren schließlich die, in denen Robin sich über die Drehbücher hinwegsetzte und mit seinen Improvisationen ergänzte, wo immer er konnte. Der Hauptregisseur der Serie, Howard Stern, hatte 1978 gesagt: »Das ist die Robin-Williams-Show — das ist uns allen klar. Mein Job ist es lediglich, Robin dahingehend zu beeinflussen, daß er nicht so weit geht, daß nur noch sieben Leute im Publikum verstehen, wa er macht.« Da lag schließlich auch eine ernste Kritik an dem Star, der vom neuen Leben auf der Überholspur erst einmal selbst überrollt wurde. Wir wissen ja, daß er schon vorher ständig auf der Suche nach neuen Eindrücken war, die er für seine Shows verarbeiten konnte — wie muß es erst gewesen sein, als ihm Hollywood plötzlich zu Füßen lag, mit all seinen Stars, Freaks und nicht zuletzt den Drogen? Exzesse waren da vorprogrammiert. »Es war ein Irrenhaus«, erzählt er heute. »Man konnte nicht aufhören. Mit nichts.«

Er kam sich wieder vor wie ein Kind, das plötzlich alle Wünsche erfüllt bekommt. Der Ruhm war wie eine Droge, von der er immer mehr wollte, und als er sich schließlich nicht mehr in gewohntem Maße einstellte, griff er zu Ersatzdrogen wie

Alkohol und anderem, was auf den Parties gerade geboten wurde. »Es war ein bißchen wie auf einem großen Rummelplatz, auf dem man ganz schnell zur nächsten Attraktion muß«, erinnert er sich. Eine dieser Attraktionen war die Fernsehshow »Saturday Night Live«, die er liebte und deren Stars er nach und nach kennengelernt hatte — ebenso wie viele weitere Prominente der Szene in Hollywood. Eines seiner größten Vorbilder zu dieser Zeit war der geniale Komiker John Belushi, dessen ausgeflippte Slapstick-Nummern er verehrte. Belushi und Williams hatten sich in den ersten »Mork and Mindy«-Tagen in New York angefreundet und waren in Greenwich Village durch die Nachtclubs gezogen, wie Bob Woodward in seinem Buch über Leben und Tod von Belushi berichtet. Williams hatte die Energie bewundert, mit der Belushi die Nächte durchzechte und dabei stets fit war. Es war einmal vorgekommen, daß Williams im Nachtclub »Catch A Rising Star« bei Belushis Joe-Cocker-Persiflage mitgemacht hatte. Woodward berichtet, daß Williams sich Belushi sehr verbunden fühlte — im Komiker Jonathan Winters sahen beide ihren Mentor, von ihm hatten sie ihre irrwitzigen Entwürfe. Belushi besuchte Williams eines Tages bei den Dreharbeiten zu »Mork und Mindy« zu einem Zeitpunkt, als die Show gerade sinkende Zuschauerzahlen zu verzeichnen hatte und er nicht genau wußte, wie es mit ihm weitergehen würde. Es war die Zeit, als auch die ersten Kinofilmerfahrungen mit »Popeye« nicht eben ausschließlich positiv gelaufen waren.

Williams hatte Selbstzweifel, fragte sich ständig, ob sein Humor noch gefragt sei, und hatte Lebensangst, die er wie Belushi auch mit Drogen bekämpfte, mit denen man Energiereserven mobilisieren und vielleicht länger witzig sein konnte. Dazu Woodward in einem Interview mit Williams: »Die Atmosphäre in dieser Stadt verstärkte die Beklemmung und den Druck, sich zu beweisen. Zwanzig Meter hohe Werbetafeln für Schallplatten und Filme säumten den Sunset-Boulevard, als wollten sie sagen: ›Hallo, seht her‹. Es wäre doch wirklich toll, wenn ich da oben stände, oder? Williams wünschte sich das. Ja, das hätte ich gerne. So ein Bild von mir. Zwanzig Meter sind sie hoch, und wie groß bin ich? Keine einsachtzig. Ein Nichts bin ich. Und dann du da oben. In der Werbung für ›Popeye‹, mit einer fünfzehn Meter hohen Dose Spinat neben sich. Und wenn man einmal da oben war, verstärkte sich der Druck, es zu wiederholen. Man fing an, auf diesen Werbetafeln zu leben, von den Nielsen-Quoten zu leben, den Parties, den Premieren, den Mittagessen, den Abendessen, ja sogar den Frühstücken. Um seine Identität zu behaupten, wenn er mal nicht auf den Plakaten zu sehen war oder ganz oben stand in der Wertung, ging Williams aus — unentwegt. Bis schließlich eine lokale Zeitschrift in ihrer Liste der ›Ins‹ und ›Outs‹ schrieb, es sei ›out‹, eine Party zu besuchen, auf der auch Robin Williams erscheine. Williams spürte, daß auch John (Belushi) von denselben Impulsen und Schreckgespenstern getrieben und heimgesucht wurde.«

So weit war es also gekommen — der Ruhm hatte den jungen Star überholt, vereinnahmt und sogar dazu gebracht, sich aufzuputschen, obwohl er im Prinzip wußte, daß er das nicht nötig hatte. Dann kam die Nacht zum 5. März 1982, in der sich viele Dinge ändern sollten. Robin Williams hatte im Comedy Store am Sunset Boulevard einen Spontanauftritt hinter sich — einen von der Sorte, die einen Komiker in Form halten, wenn das offizielle Programm nicht mehr das beste ist. Er sah solche Auftritte als Therapie und wollte sich einfach beweisen, daß er noch unverkrampft improvisieren konnte. Hier eine weitere Passage aus Woodwards Buch »Wired«: »Als er an diesem Abend seinen Auftritt beendet hatte, fuhr Williams die paar Blocks den Strip hinunter zum On the Rox, aber dort war schon geschlossen. Die Menschenmenge nach 2 Uhr auf dem Parkplatz war groß. Einer der Türsteher erkannte Williams und informierte ihn, daß sowohl Belushi als auch Robert De Niro ihn gesucht hätten. Williams rief in De Niros Zimmer im Chateau (Hollywood Hotel Chateau Marmont) an, und De Niro sagte, sie träfen sich bei John. Williams stieg in seinen silbernen BMW und fuhr zum Chateau. ... John begrüßte Williams herzlich und setzte sich mit Smith auf die Couch. Smith (Cathy Smith, die Frau, die Belushi mit Drogen beliefert hat und ihm seinen letzten Schuß setzte) war begeistert, Williams kennenzulernen. Sie hatte ihn einmal im Comedy Store gesehen und seine Show brillant gefunden.

Von dem Augenblick an, da Smith zur Tür hereinkam, verstärkte sich Williams' Unbehagen. Er hatte John noch nie mit einer so verlebten, harten Frau gesehen. ... und fragte sich, in was John, übergewichtig und deprimiert, da hineingeraten war und warum. Eine gewisse Melancholie ging von ihm aus. Es schien ihm zwar nicht peinlich zu sein, daß Williams ihn in dieser Verfassung sah, aber ein wenig beklommen wirkte er doch. ... John stand auf und holte etwas Kokain hervor. Williams nahm ein wenig. Dann setzte sich John, und sein Kopf fiel einfach vornüber, als sei er eingeschlafen oder habe das Bewußtsein verloren. Nach fünf Sekunden hob er den Kopf wieder. ... Williams entschied sich zu gehen. John tat ihm leid und er dachte, wenn du ihn besser kennen würdest, wäre es angebracht, nachzuhaken und herauszufinden, was da läuft – vielleicht könntest du ihm sogar raten, sich aus dieser seltsamen Gesellschaft und der dekadenten Atmosphäre des Zimmers befreien. ... Beim Hinausgehen bemerkte er eine Karte der Weingebiete und wies auf die Straße, die an seiner Ranch vorbeiführte. ›Da wohne ich‹ sagte er. ›Wenn du in der Nähe bist, ruf mich an.‹ John nahm die Einladung zur Kenntnis und wandte sich ab.«

Nur wenige Stunden später war der geniale Komiker tot, gestorben an einer Überdosis der verschiedensten Drogen, zusammen mit Alkohol. Als Robin Williams es erfuhr, war er gerade in der Kulisse von »Mork and Mindy«: »Williams hatte das Gefühl, als stürze der Boden unter ihm ein. Benommen ging er nach draußen auf das Studiogelände. Williams wußte nicht, was tun, wohin sich wenden, was sagen, wen anrufen, davonlaufen oder weinen. Seine Gedanken rasten: ›Hätte ich etwas tun können?‹ Vielleicht, dachte er, vielleicht nicht. Er fühlte sich gewarnt, weil er die Erfahrungen geteilt hatte – nicht nur die Drogen, sondern den gesamten Lebensstil.« Pam Dawber, seine Partnerin bei »Mork and Mindy« hatte einigen Zeitungen erzählt, er habe kurz nach der Todesnachricht nicht sehr betroffen gewirkt, obwohl er tief getroffen gewesen war und es als eine Art Ehre empfunden habe, einer der letzten gewesen zu sein, die Belushi lebend gesehen hätten. Doch mit der Zeit habe sich dieser Eindruck völlig verändert – die Erkenntnis, daß viele Parallelen zwischen John und ihm bestanden hatten, habe ihm sehr zugesetzt.

Dem Gericht, das Belushis Tod untersuchte, sagte er freiwillig (nachdem man ihm zugesichert hatte, daß er nicht über seine eigenen Drogengewohnheiten befragt werde), »ich bin dem Tod noch nie so nahe gekommen, und das hat mir große Angst gemacht – nicht nur die Drogen, sondern auch der ausschweifende Lebensstil. Ich schien im Kreis zu rennen, wenn auch nicht ganz so intensiv... aber dasselbe Zwangsverhalten in Beziehung auf ›da draußen mitmachen‹. Etwas in mir sagte: ›Oh Mann, das Tempo wird zu groß... Reiß' dich zusammen.« Und über Hollywood fügte er hinzu: »Das Gefährliche an dem Ort ist, wenn du keine Leute hast, die dich unterm Daumen halten, dann kommst du ins Strudeln. Es gibt Leute, die sorgen dafür, daß du dir alle Launen erfüllen kannst.«

Das Ausruhen war ihm schwergefallen zu dieser Zeit, und so hatte er beim schnellen Leben mitgemacht. Belushis Tod aber wirkte länger nach und er wirkte nachhaltiger, als er es dem Gericht gegenüber ausdrücken konnte. Von dem Moment an beschloß er, den Drogen völlig zu entsagen und selbst den Alkoholgenuß erheblich einzuschränken. Robin Williams begann seinen Lebensstil zu ändern, schaltete einen Gang herunter und ging alles langsamer an. Er hatte auch große Probleme damit, daß nun Dutzende von Journalisten sich für ihn interessierten, weil er Belushi in der Nacht vor dessen Tod noch getroffen hatte. Dieses letzte Treffen war mehr oder weniger ein Zufall, denn die beiden hatten erst am Beginn einer Freundschaft gestanden: »Ich war auch deshalb so traurig, weil ich gerade begann, ihn besser kennenzulernen, – er war die stärkste Persönlichkeit, die ich jemals kennengelernt habe. Er war ein Bulle mit einer schier unerschöpflichen Energie. Sein Tod hat eine ganze Generation von Künstlerkollegen verschreckt und von Drogen abgehalten. Außerdem wußte ich: Ich würde dieses Leben niemals führen können, wenn ich Kinder haben wollte«, bekannte Williams später.

Auf die Frage, wie er es geschafft habe, von den Drogen loszukommen, antwortete er 1991 in einem Interview: »Erst einmal muß ich sagen, daß ich so viele Drogen nun auch wieder nicht genommen habe. Ich hab' mich dahinter nur versteckt. Viele Leute werden völlig aufgedreht durch Kokain. Mich hat es eher runtergezogen. Manchmal wurde ich paranoid und impotent, aber meistens zog ich mich unter seinem Einfluß zurück. Ich war verrückt zu dieser Zeit. Den ganzen Tag gearbeitet, alle Nächte durchgemacht. Ich brauchte ruhige Zeiten – dafür nahm ich Coke. Am Tag nach Johns Tod, das war ein halbes Jahr bevor mein Sohn geboren wurde, habe ich es endgültig aufgegeben. Wie? Cold Turkey, kalter Entzug, das heißt, einfach aufhören.«

Eines war bei Williams jedoch immer anders als bei Belushi – und das ist vielleicht der Grund, warum er der Drogenschiene entkam: Im Gegensatz zu Belushi war er immer in einer intakten familiären Umgebung gewesen. Auch wenn er gegen seine Eltern rebelliert hatte, gegenseitiger Respekt war immer da. Der andere Punkt lag in Valerie begründet, seiner Ehefrau, mit der er viele seiner kritischen Jahre durchlebte.

Mit Valerie hatte er sich von seinen »Mork and Mindy«-Gagen die erwähnte Ranch am Topanga Canyon bei Los Angeles gekauft, weitab vom Rummel. Ein Refugium mit Riesengrundstück in den Hügeln von Kalifornien, wunderschön gelegen und gegenüber neugierigen Reportern einfach »Fuckin' Ranch« genannt – Übersetzung nicht nötig. Valerie war es, die ihm in schweren Zeiten Halt gegeben und damit die Gefahr eines Absturzes gestoppt hatte. Sie war es, mit der er über seine Begegnungen mit Belushi gesprochen hatte, sie war es, mit der er Kinder haben wollte, als das Leben draußen plözlich anders wurde.

Was das Berufsleben betraf, hatte er sich entschlossen, so weiterzumachen wie bisher. Er würde weiter Filme machen, sich die bestmöglichen Rollen aussuchen, und wenn er niemals wieder so groß herauskäme wie bei »Mork and Mindy«, würde das auch nicht schlimm sein.

Nur wenige Monate, nachdem Williams diese Entschlüsse gefaßt hatte, schlug das Schicksal erneut zu, diesmal aber in seiner positivsten und schönsten Form — sein Sohn Zachary wurde geboren, und von diesem Moment an wußte er, daß es noch etwas anderes gab, als immer nur mit Vollgas durchs Leben zu rasen.

Comicverfilmung als Kinodebüt:
»Popeye, der Seemann«

Einmal mit einer 15 Meter hohen Spinatbüchse am Sunset-Boulevard abgebildet sein — hatte sich Robin Williams so seinen Start in die große Welt des Films vorgestellt? Er beantwortet die Frage heiter mit ja, denn »Was konnte mir als Mork überhaupt noch passieren?« »Popeye« ist eine Produktion der Walt-Disney-Studios, die mit Comic-Verfilmungen relativ viel Erfahrungen haben. Williams: »Es gibt zwei Comic-Helden, die seit 50 Jahren in der ganzen Welt bekannt sind. Und das sind Popeye und die Micky Maus. Lieber spiele ich den ›Hamlet‹ als ›Popeye‹. Bei Hamlet akzeptiert das Publikum immer noch gewisse Veränderungen, bei Popeye geht das nicht. Da muß man eben Popeye sein und niemand anderes.«

Wer ist überhaupt »Popeye«? In Deutschland hat der untersetzte Bärbeißer mit den kräftigen Unterarmen und der Spinatdose bis heute nur eine kleine Fan-Gemeinde, auch wenn der Williams-Film dazu beitrug, daß diese sich vergrößerte. Über 60 Jahre ist er alt, immer noch kein bißchen weise — und dennoch frisch wie am ersten Tag. Der Seemann mit den Kräften eines Riesen und dem Gemüt eines Kindes erblickte im

Jahre 1929 das Licht der Comic-Welt und zählt seitdem zu ihren beliebtesten Figuren. Allein ihm ist es zu verdanken, daß Millionen anämischer Kinder ihren Eisenhaushalt doch noch mit Spinat regulieren — ohne sein Beispiel hätten sie das verhaßte grüne Kraut nie gegessen. Gemüse als Wunderwaffe — Popeye machte es vor. Auch Robin Williams hatte mit dem Wundergemüse Erfahrungen: »Als Junge habe ich die Geschichten von Popeye regelrecht verschlungen. Auch ich war bereit, Spinat zu essen, weil ich so stark werden wollte wie er.«

Der geistige Vater von Popeye ist Elzie Crisler Segar, der 1894 am Mississippi geboren wurde und aufwuchs. Seine Jugend erinnert an die des Romanhelden Tom Sawyer. Der junge Segar liebte es zu angeln, zu schwimmen und zu rudern und — wie Tom —, seinen Mitmenschen harmlose Streiche zu spielen. Sein Taschengeld verdiente er sich mit dem Streichen von Fassaden und später durch das Ausmalen von Reklameflächen heimischer Betriebe. Schon damals bewies er sein zeichnerisches Talent, denn er produzierte manche bunt bemalte Wand mit Figuren. Auch in seiner Freizeit zeichnete er und sandte schließlich seine Zeichnungen an eine Zeitung nach St. Louis. Das Gekritzel kam zurück, und der enttäuschte Segar belegte erst einmal einen Fernkurs im Zeichnen. Nach eineinhalb Jahren schloß er ihn erfolgreich ab und zog nach Chicago, um in der großen Stadt sein Glück zu versuchen. Doch bis zur Geburt von Popeye verging einige Zeit.

Zuvor zeichnete er Cartoons für die verschiedenen Zeitungen und bekam daraufhin einen Job beim legendären King-Features-Syndikat, bei dem nur die besten Cartoonisten der USA unter Vertrag standen. Dort, in New York, erfand E. C. Segar dann praktisch über Nacht die Familie Oil, die schnell zum Mittelpunkt einer eigenen Serie, dem Thimble-Theater (Fingerhut-Theater), wurde. Zu den Ur-Oils gehörten Olivia, ihr Bruder Castor, Papa und Mama und Olivias erster Freund Gravy, den Popeye später aussticht. Die Serie, in vielen Zeitschriften publiziert, wurde zum Hit, und Segar merkte rasch, daß ein Familienmitglied noch fehlte. So kam es, daß 1929 Popeye entstand, nach dem die Familie zur Insel Dice gefahren war und Olivia sich als blinde Passagierin versucht hatte. Sie wird von dem Seemann Popeye entdeckt, der erst geraume Zeit später seine Liebe zur spindeldürren Tochter der Oils entdeckt. Es dauerte nicht lange, und Popeye war berühmter und beliebter als alle anderen Figuren der Serie. Segar gab ihm immer öfter »Hauptrollen« in den Comic-Stories, die täglich in den Zeitungen des Verlegers William Randolph Hearst zu finden waren. Alle Welt schien den kleinen Seemann zu lieben, dessen Unterarmmuskeln 51 cm Umfang hatten und der nur 1,65 Meter groß war (während seine Olive rund 1,80 war). Seine unglaublichen Kräfte bezieht er aus der Spinatbüchse oder direkt aus dem Garten, in dem das frische Gemüse wächst, und die Spinatindustrie der USA verdankte es Popeye, daß ihr Umsatz

Robin Williams als Popeye. Besondere Kennzeichen: $1^1/_2$ Augen, eine Pfeife, ein schiefer Mund

zwischen 1931 und 1936 um 33 Prozent zunahm.

Segar starb 1938, doch Popeye lebte weiter. Bud Sagendorf, ein Freund und Bewunderer des Meisters, zeichnete die Abenteuer des Seemanns fort. Popeyes Filmkarriere begann allerdings schon zu Segars Lebzeiten. Die ersten Zeichentrickfilme mit ihm entstanden bereits im Jahre 1932. Daß er auch ein Fernsehstar wurde und tonnenweise grünen Spinat vertilgte, versteht sich.

Für seinen ersten Kinofilm hatte Robin Williams in der Tat die richtige Rolle gefunden. Wer ihn mit Watschelgang, Pfeife und dem zugekniffenen rechten Auge sieht, hat die lebendige Inkarnation des legendären Comic-Helden vor sich.

Doch zunächst die Story:

Eines schönen Tages taucht ein sonderbarer Fremder in dem leicht verdreckten Fischerort Süßhafen auf. Der Kerl hat Arme wie ein Orang-Utan, ein Auge blinzelt ständig, und in seinem schiefen Mund schiebt der merkwürdige Seemann ständig eine angekaute Pfeife hin und her. Süßhafen steht Kopf. Wer ist dieser Kerl, der da allen erzählt, er sei auf der Suche nach seinem Papa, der ihn vor dreißig Jahren im Stich gelassen hat? Es ist kein anderer als Popeye, der Seemann, den es dorthin verschlagen hat. Popeye, der schon alle sieben Meere mehrfach durchfahren, mit Seeungeheuern gekämpft und sich dabei ein herrlich kindliches Gemüt bewahrt hat.

In Süßhafen, das von einem geheimnisumwitterten Kommandanten regiert wird, läßt der kleine, aber starke Seemann sich bei der Familie

Oil häuslich nieder. Die Tochter des Hauses mit Namen Olivia ist mit dem finsteren Käpt'n Brutus verlobt, doch am Abend der offiziellen Verlobung brennt sie durch — und rennt direkt in Popeyes Arme, der zur nächtlichen Stunde am Kai entlangbummelt. Kavalier, der er ist, bietet Popeye an, ihr Gepäck zu schleppen. In einem Schuppen machen die beiden Rast und während sie miteinander plaudern, tauscht eine Hand aus dem Dunkeln zwei Körbe aus. Olivias Reisekorb verschwindet, dafür steht da ein wackliges Körbchen, in dem es merkwürdig rasselt. Doch es ist keine Klapperschlange wie die flüchtende Olivia befürchtet, sondern ein niedliches Baby, wie Popeye, der sich natürlich nicht fürchtet, sofort feststellt. Die beiden schließen das Kind augenblicklich in ihr Herz — das müssen sie auch, denn es wird ihnen per handgeschriebener Botschaft für die nächsten 25 Jahre anvertraut. Zu dritt kehren sie zu Olivias Haus zurück. Das sieht böse aus, denn der rasende Käpt'n Brutus hat es vor Zorn aus den Angeln gehoben, und nun sieht er plötzlich seine Verlobte samt Baby und Popeye in der Türe stehen. Brutus schlägt ohne Vorwarnung zu, und Popeye kullert quer durch die Stadt. Gegen so viel geballte Kraft nützen selbst seine starken Muskeln wenig. Danach kehrt glücklicherweise erst einmal Frieden in Süßhafen ein. Olivia und Popeye kümmern sich um das Baby Popi, und das Leben könnte so schön sein...

Doch das Unheil naht in Form des Steuereintreibers, der für den Kommandanten eine Stegbetretungssteuer, eine Ins-Wasser-Fall-Steuer und einige andere hinterhältige Steuern eintreibt. Olivia und ihre Familie sollen 121212,12 Dollar bezahlen, die sie natürlich nicht haben. Die Rettung naht ganz unverhofft – so scheint es. Ein Riesenboxer ist in der Stadt, und wer ihn von den Sokken haut, erhält zehn steuerfreie Tage. Castor, Olivias starker Bruder, tritt gegen den Giganten an und wird prompt aus dem Hemd geprügelt. Jetzt tritt Popeye auf den Plan. Erstmals läßt er seine Muskeln richtig spielen, zieht sich eine Dose Spinat 'rein und siegt gegen den Giganten. Klein-Popi, der sich als Wahrsager entpuppt, hat es prophezeit. Durch Pfeiflaute kündigt er die Zukunft an. Diese Begabung wird allerdings von einem raffgierigen Familienmitglied, dem stets verfressenen Onkel Wimpy, ausgenutzt. Der nimmt den Knirps mit zum Pferderennen und läßt ihn die Rennergebnisse vorhersagen. Das klappt vorzüglich. Dann erfährt Brutus von dem Talent und überredet Wimpy, den Kleinen zu entführen. Er führt ihn dem Kommandanten vor, der sich auch noch als Popeyes verschollener Vater herausstellt. Nur – Schurke Brutus hat vor, auch den Kommandanten auszunehmen und dessen Schätze einzukassieren, doch da hat er die Rechnung ohne die tapfere Familie Oil und Popeye gemacht. Es ist klar, wer im letzten Gefecht die Oberhand behält – der, der am meisten Spinat gegessen hat. Und wer könnte das wohl sein?

Am 28. Januar 1980 begannen nach fast dreijähriger Vorbereitungszeit auf der Mittelmeerinsel

Popeye ist auf der Suche nach seinem seit 30 Jahren verschollenen Vater, ...

Malta die Dreharbeiten zum Film »Popeye«. Drehbuchautor Jules Feiffer hatte Mühe gehabt, den Stoff für die Leinwand zu bearbeiten: »Er ist der Urtyp des amerikanischen Helden, ein einfacher Mensch, der erreicht, was er sich vornimmt und dabei nicht über Leichen geht.«

Außer seinen Stars Robin Williams und Shelley

... *trifft aber zunächst Olivia*

Duvall, die die Olivia spielte, engagierte Produzent Robert Evans noch 50 Entertainer aus Zirkus, Pantomime und Artistik, die die Einwohner Süßhafens möglichst comicgerecht spielen sollten.

Popeyes schlichte Lebensphilosophie »Ich bin, was ich bin, und das ist alles, was ich bin« würde nach Ansicht von Evans »uns allen ganz gut zu

Gesicht stehen. Popeye ist klein, häßlich und nicht klug. Aber er ist, was er ist und stolz darauf. Er hat ein gesundes Selbstbewußtsein, das es ihm ermöglicht, das Leben zu genießen und seine Kräfte für das Gute zu mobilisieren.« Hauptdarsteller Williams konnte sich dieser Lebensphilosophie zumindest für die Dauer der Dreharbeiten voll anschließen: »Ich habe mir rund 40 Stunden lang alte Popeye-Zeichentrickfilme aus den Jahren 1930 bis 1940 angesehen und alles studiert, was den Erfolg der Figur ausmacht. Um seinen Dialekt, ein merkwürdiges Gurgeln, nachzuahmen, habe ich Kieselsteine in den Mund gesteckt und versucht, zu sprechen«. Das hört sich komisch und wunderbar zugleich an — leider nur in der Originalfassung. Darüberhinaus nahm Williams Steptanz-Unterricht und machte Gymnastik, um für den Watschelgang Popeyes richtig locker zu werden.

Das Fischerdorf Anchor Bay auf Malta war Vorbild für das Comic-Dorf Süßhafen, dessen originale Wurzeln irgendwo an der Atlantikküste der USA gelegen haben sollen. Ein halbes Jahr lang wurde Anchor Bay umgebaut, dann standen die neunzehn wackligen Gebäude des Dorfes, inklusive des Spielcasinos, das auf einem Wrack vor der Küste Süßhafens liegen sollte. Da es auf Malta (der Name dieser Insel kommt übrigens aus dem Phönizischen und bedeutet — Süßhafen!) kaum Bauholz gab, mußte das komplette Material vom Festland herbeigeschafft werden.

Der Meister-Regisseur Robert Altman inszenierte den ungewöhnlichen Film. Daß die Disney-Bosse sich ausgerechnet diesen interessanten, aber umstrittenen Regisseur ausgesucht haben, verwundert ein bißchen. »Mythenfresser« hat man ihn genannt, weil er es darauf angelegt habe, die klassischen Filmgenres auf den Kopf zu stellen und in etwas Neues umzuwandeln. Gegen diesen Vorwurf wehrte er sich energisch: »Ich beabsichtige keinesfalls, irgendeines der klassischen Genres zu entmystifizieren. Film bedeutet doch im Grunde nichts anderes als eine Mystifizierung der Wirklichkeit. Wer dieses Gesetz aufzuheben versucht, zerstört den Film... jedenfalls den Film, wie ich ihn verstehe. Ich will mit meinen Filmen nur zeigen, daß es verschiedene Wege gibt, bestimmte Themen abzuhandeln.« Der 1925 in Kansas in Missouri geborene Regisseur mit deutschen Vorfahren wurde Ingenieur, arbeitete nach dem 2. Weltkrieg zunächst als Industriefilmproduzent und schrieb nebenher Drehbücher und Radioprogramme. 1957 hatte Altman seinen ersten Kurzfilm, »The Delinquents«, gedreht, später verdingte er sich beim Fernsehen und drehte eine Reihe von Folgen für die berühmte Serie »Bonanza«. Von 1968 an arbeitete er in Hollywood und drehte Filme wie »Brewster McCloud«, »Der lange Abschied«, »Nashville«, »Buffalo Bill und die Indianer« und »Drei Frauen«. Einer seiner lustigsten und bis heute legendären Filme bleibt aber »M.A.S.H.«, die Story einer Ärzte-Clique, die sich saufend und johlend mit dem Skalpell durch das amerikanische Kriegstrauma schneidet und später einer sehr erfolgreichen Fernsehserie als Vorlage diente.

»Humor ist das wichtigste in diesem Leben und sollte nur durch den Tod ausgelöscht werden« ist Altmans Motto, der auch seit seiner Kindheit ein treuer Freund von Popeye war. »Alle amerikanischen Kinder wachsen mit ihm auf. Meine Generation und auch die nachfolgende wurden mit Popeye und seinem Spinat großgezogen. Für mich zählt er zu den großen Mythen meines Landes, sozusagen zu den Nationalhelden — auch wenn ich bis heute Spinat nicht mag. Und so wollte ich schon lange aus der Comic-Figur einen lebendigen Leinwandhelden machen. Es hat allerdings Jahre gedauert, bis aus dieser Idee Wirklichkeit wurde.« Und natürlich sieht er Popeye als Metapher auf die wirkliche Welt: »Ich nehme nur wenige Dinge wirklich ernst, darunter die Liebe, den Tod und Kinder. Segars Comic-Vorlage ist ja eine Satire auf Amerika, wenn auch eine sehr gutmütige, die sich lustig macht über Heldentum und Gewalt, über Kleinstädtertum und Engstirnigkeit. Natürlich war das genau der geeignete Stoff für mich, und es bot sich gleichzeitig an, auch anderes auf die Schippe zu nehmen. Zum Beispiel Olivias Lied »Er braucht mich«. Das ist reine Persiflage auf gewisse Musical-Songs, die vor Kitsch nur so triefen.« Zuerst war der Film als reines Musical konzipiert gewesen, doch mit einem Seitenblick auf den europäischen Markt hatte man das wieder verworfen, und diese Entscheidung erwies sich als richtig. Gesang und Tanz sind hier, wie in vielen Disney-Produktionen (zum Beispiel dem Klassiker »Mary Poppins«), integrierte Bestandteile der Handlung.

Besonders glücklich war Altman darüber, daß sein kleiner Enkel mitspielte – er agierte als Popi, als Zieh-Sohn von Popeye und Olivia. »Zwar sehe ich in meinem Team eine einzige große Familie«, bekannte er nach den Dreharbeiten, »doch dieses Mal hatte ich ein echtes Familienleben nach Feierabend und habe mich zum Fachmann für Windel-, Wickel- und Babyfutterfragen entwickelt.« Robert Altman schloß – zumindest in der ersten Zeit nach Abschluß der Dreharbeiten – eine Fortsetzung zu dem Film nicht aus, denn »genügend Material dafür gäbe es. Und Lust hätte ich auch, denn dieser Film hat mehr Spaß gemacht als alle anderen Filme zusammen, »Nashville« vielleicht ausgenommen. Aber es hat auch harte Arbeit bedeutet, endlose Vorbereitungen und Kopfzerbrechen. Vielleicht wage ich mich viel später wieder daran. Man soll sich ja ohnehin möglichst selten wiederholen. Ich hätte Angst, immer wieder dasselbe, nur mit anderen Bildern, auszudrücken.« Harte Arbeit, endlose Vorbereitungen und Kopfzerbrechen sind sicher harmlose Ausdrücke für das, was während der chaotischen Dreharbeiten wirklich geschah. Lassen wir doch einfach Robin Williams zu Wort kommen: »Das war eine schmerzliche Erfahrung«, erklärte er Jahre später Richard Corliss vom Time Magazine, »wir waren sechs Monate an den Drehorten. Das Wetter war

Popeye prügelt sich zwar ungerne, aber was sein muß, muß sein.
Und wer ihm ans Zeug will, muß früh aufstehen

beschissen, das Geld ging dauernd aus, und die Kulissen schwammen uns davon. Es war ›Apocalypse Now‹ auf Malta.« Dennoch, nach diesem endlosen halben Jahr und einigen Millionen Dollar lag das Endprodukt vor, sah so schlecht nicht aus — lief aber am Trend der Zeit vorbei. Aber auch wenn »Popeye« nicht der große Renner wurde, den die Disney-Studios und auch der Hauptdarsteller erwarteten — mit rund 40 Millionen Dollar Einspielergebnis war er der erfolgreichste Robin-Williams-Film bis zu »Good Morning, Vietnam« — zumindest was die reinen Box-Office-Zahlen betrifft. Natürlich hatten die Erwartungen höher gelegen, weshalb Robert Altman seine Pläne über eine Fortsetzung später stillschweigend ad acta legte. Im Nachhinein redete auch Robin Williams nicht mehr allzuviel über »Popeye«, es fand eine Art Verdrängung statt. Aber vielleicht sollte hier doch der Satz zitiert werden, den der wortkarge Popeye im Film ausspricht und mit dem auch Williams seine Mitarbeit an dem Projekt in Interviews umschreibt: »Wrong is wrong, even if it helps ya.« Zu deutsch: »Falsch ist falsch, selbst wenn's dir weiterhilft.« Es darf die Prognose gewagt werden, daß »Popeye« im Zuge der wachsenden Popularität von Robin Williams und vielleicht auch als Comic-Verfilmung eines Tages eine Renaissance und vielleicht sogar die Wandlung zum Kultfilm erfährt.

Durchbruch:
»Garp und wie er die Welt sah«

Als John Irving 1978 seinen dritten Roman, »The World According to Garp« (deutscher Titel: »Garp und wie er die Welt sah«) auf den Markt brachte, verkaufte er allein in den USA mehr als fünf Millionen Exemplare. Das Buch entwickelte sich nicht nur zum Bestseller des Jahres, sondern zum Kulturereignis. Kritiker stellten Irvings Roman auf die gleiche Stufe wie »Der Fänger im Roggen« von J. D. Salinger, dem Kultbuch der 50er Jahre, und Kurt Vonneguts »Slaugtherhouse Five«, das den gleichen Status in den 60er Jahren für sich in Anspruch nehmen konnte.

Bereits ein Jahr nach der Veröffentlichung des Buches hatten sich die Warner-Studios in Hollywood die Filmrechte gesichert und beauftragten den Regisseur George Roy Hill (»Zwei Banditen«, »Der Clou«) mit dem Projekt. Der begann das 600-Seiten-Werk zu lesen, legte es aber nach 100 Seiten weg und lehnte den Auftrag ab. Erst nach gutem Zureden las Hill den Roman zu Ende. Zwar zweifelte er danach immer noch am filmischen Potential des Stoffes, erklärte sich aber immerhin bereit, das Projekt jetzt in Angriff zu nehmen. Was fehlte, war ein Autor, der den Mut und die Kompetenz besaß, das Drehbuch zu schreiben. Hill hatte anfangs William Goldman im Auge, mit dem er schon bei »Zwei Banditen« (»Butch Cassidy and the Sundance Kid«) zusammenarbeitete. Goldman aber sagte ab, ebenfalls John Irving: »Ich habe vier Jahre gebraucht, um das Buch zu schreiben. Das letzte, was ich tun wollte, war, noch einmal darüber zu gehen, um es auf ein Drehbuch zu reduzieren.«

Nach langem Suchen fand sich schließlich Steve Tesich. Aber auch er hatte anfangs schwere Bedenken, dem Stoff gewachsen zu sein: »Eigentlich hatte ich keine Lust, eine Adaption zu übernehmen, vor allem nicht von diesem Buch. Schließlich aber kam es mir vor, als würde ich meine Autobiographie schreiben. Ich war selbst ein Ringer, der Schriftsteller werden wollte, und wie Garp habe ich eine Mutter, die der Jenny aus dem Buch sehr ähnlich ist.« So fiel es Tesich nicht schwer, aus dem komplexen Romanwerk ein pfiffiges Drehbuch zu machen. Zudem schaffte er es schneller als erwartet. Seinem Regisseur teilte Tesich mit, daß er mindestens sechs Monate brauchen würde, um das Skript fertigzustellen. Tatsächlich benötigte er nur acht Wochen.

Den zentralen Handlungsstrang ließ Tesich unangetastet und konzentrierte sich hauptsächlich auf die Nebensächlichkeiten, die seiner Erfahrung nach am realsten wirken. »Irvings Buch feiert die kleinen einfachen Freuden und Annehmlichkeiten des Lebens, schildert aber auch das Chaos, die Gewalt, den Neid und die Gier, die uns ständig begegnen.« Darüberhinaus war Tesich noch durch einen anderen Umstand begeistert, Garp für die Leinwand adaptieren zu können: »Ich wollte schon immer etwas schreiben, was das ganze Leben eines Mannes beinhaltet. Von der Geburt bis zum Tod.«

Tatsächlich gelang es dem Autor, Irvings bittersüßes Epos genau zu charakterisieren. Einige gravierende Änderungen nahm Tesich aber dennoch vor. Während Irving seinen Garp nach Wien schickt, damit er sich dort die ersten Sporen als Schriftsteller verdient, verlegte Tesich den Schauplatz nach New York und lieferte dafür eine einleuchtende Erklärung: »Garp ist ein amerikanischer Schriftsteller, und angesichts dessen muß er meiner Meinung nach in den traditionellen amerikanischen Himmel für Möchtegern-Autoren ziehen: nach Greenwich Village.«

Die Irving-Fans müssen aber noch auf andere Dinge verzichten. So kommt beispielsweise die Kurzgeschichte »Die Pension Grillparzer«, die der junge Garp veröffentlicht, im Film nicht vor. Nicht etwa, weil Regisseur Hill kein Interesse hatte, die Short-Story einzubauen, sondern deshalb, weil sie nicht im Preis enthalten war, den Irving kassierte. Im Klartext: Warner Brothers besaßen keine Rechte daran.

Nachdem das Drehbuch geschrieben und der Regiestuhl besetzt waren, ging es darum, geeignete Darsteller zu finden. Zusammen mit der renommierten Casting-Direktorin Marion Dougherty, die Leute wie Dustin Hoffman und Warren Beatty für den Film entdeckte, startete Hill eine großangelegte Fahndung nach einem Schauspieler, der die nötige Präsenz, aber auch die Sensibilität des Garp auf die Leinwand bringen konnte. Schnell kam er auf Robin Williams, den er aus der Fernsehserie »Mork vom Ork« kannte. Noch während Williams mitten in den Dreharbeiten zu Robert Altmans »Popeye« steckte, besuchte ihn Hill auf Malta. »Es war merkwürdig,« erinnert sich Robin, »nachdem ich das Buch gelesen hatte, wollte ich diese Rolle spielen, obwohl ich keine Ahnung hatte, wer und ob überhaupt jemand die Filmrechte besaß. Ich liebte die physische Präsenz, die die Rolle des Garp verlangte. Seine Sexualität und die Tatsache, daß er das Leben liebt, auch wenn es das Leben nicht immer gut mit ihm meint.« Williams und Hill wurden sich schnell einig: »Ich war begeistert von seiner Kombination aus Kaltschnäuzigkeit und Herzenswärme.« Die Studiobosse waren allerdings anfangs ganz anderer Ansicht. Konnte Mork vom Ork diesen Garp spielen, diesen amerikanischen Familienmenschen, der mit beiden Beinen auf der Erde stand? Die Chefs der Produktionsfirma Warner waren davon nicht überzeugt. Zwar gestanden sie Williams durchaus Talent zu, was seine satirischen Fähigkeiten betraf, aber als ernstzunehmenden Schauspieler sahen sie ihn nicht. Doch Hill ließ sich nicht beirren. Er war als Mann bekannt, der kein Risiko scheute, und außerdem hatte er sich den Ruf erworben, ein äußerst erfolgreicher Talentsucher zu sein. Wer kannte schon Robert Redford, bevor ihn Hill neben Paul Newman in »Zwei Banditen« besetzte?

Daß Williams der richtige Mann für die Rolle war, wurde den Studio-Oberen klar, als sie die Probeaufnahmen sahen. Sofort war zu erkennen, daß Robin die physischen Voraussetzungen perfekt erfüllte. Das fand auch John Irving, der sich mit im Vorführraum befand. Beide Männer sind von eher kleiner Statur, kräftig, mit ausgebildeten Nackenmuskeln (Williams hatte extra mit Gewichten trainiert, um sich eine Ringerfigur zuzulegen) und auf ihre Art gutaussehend. Rein äußerlich hätten sie Brüder sein können. Das Studio war endgültig überzeugt – Robin hatte die Rolle.

Jetzt, da die Hauptdarsteller-Frage zur Zufriedenheit geklärt war, machte sich Hill daran, die schwierigste Rolle des Films zu besetzen, die der Roberta. Bei diesem Charakter handelt es sich um einen ehemaligen Football-Profi, der sich einer Geschlechtsumwandlung unterzieht. Lange Zeit erwogen Hill und Dougherty, einer Frau die Rolle zu geben. Als sie diesen Gedanken schließlich verwarfen, probierten sie es zunächst mit einem Transvestiten, entschieden sich dann aber doch, einen Mann zu engagieren. Hill war der Auffassung, daß ein männlicher Schauspieler besser in der Lage sei, Emotionen und Handlungsweisen eines zur Frau konvertierten Mannes realistisch darzustellen. Nach zahllosen Probeaufnahmen entschieden sich Hill und Dougherty für John Lithgow, einen New Yorker Schauspieler, der zuvor am Broadway aufgetreten war und in Brian de

Garp liebt das Leben, auch wenn das Leben es nicht immer gut mit ihm meint

Palmas Thriller »Blow Out« einen Killer gespielt hatte. Für Lithgow eine echte Herausforderung: »Anfangs war ich von der Vorstellung, in Frauenkleidern herumlaufen zu müssen, nicht gerade begeistert. Aber ich mußte darüber hinweg, ich mußte es sein.« Die letzte Hauptrolle, die es zu besetzen galt, war die von Jenny Fields, Garps Mutter. Ohne große Umschweife entschieden sich der Regisseur und seine Casting-Direktorin für die damals 35jährige Glenn Close (»Eine verhängnisvolle Affäre«). Hill hatte Glenn am Broadway in dem Stück »Barnum« gesehen und war sich sofort sicher: »Es war einer der Momente, in denen man sofort weiß, daß die Besetzung goldrichtig ist.«

Am 10. April 1981 beginnen die Dreharbeiten in den Astoria Studios auf Long Island. Da George Roy Hill nicht in chronologischer Reihenfolge inszeniert, beginnt das Shooting mit einer Szene in Greenwich Village. Glenn Close alias Jenny Fields und Williams alias Garp sitzen in einem Café und interviewen eine Prostituierte. Schon nach den ersten Einstellungen sieht sich Hill in der Wahl seines Hauptdarstellers bestätigt: »Ich halte es mit George Bernard Shaw, der sagte, daß Tränen der natürliche Ausdruck von Glück, und Gelächter die natürliche Stimme der Traurigkeit ist. Williams besitzt die Fähigkeit, dies zu zeigen.« Während sich seine Darsteller offensichtlich blendend verstehen und hervorragend harmonieren, zerbricht sich Hill immer noch den Kopf, wie sich die einzelnen Fragmente der Geschichte zusammenfügen lassen. »Bei einem solch komplexen Drehbuch verliert man leicht die Übersicht. Das Ergebnis sieht man erst, wenn die Dreharbeiten beendet sind.«

Die Astoria-Studios sind riesige Hallen, in denen sich leicht mehrere Jumbo-Jets unterbringen lassen. Produktionsdesigner Henry Bumstead, der später für seine Arbeit an »Der Clou« mit einem Oscar geehrt wurde, baute dort einige Schauplätze des Films auf. Dazu gehörte die Innenansicht von Garps Haus, sein Greenwich Village Appartment und der Gym, in dem die Ringerwettkämpfe stattfinden. Während der Ringerszenen war auch John Irving mit von der Partie. Selbst passionierter Ringer, spielte er im Film die Minirolle eines Schiedsrichters. Nebenbei diente er Williams als Coach und Sparringspartner. Robin erinnert sich gern an das gemeinsame Training, das meist mehr als drei Stunden dauerte: »Wenn ich manchmal mit verrenkten Gliedern unter meinem Sparringspartner lag, wurde mir bewußt, daß der Mann auf mir diesen Roman geschrieben hatte. Ein merkwürdiges Gefühl.«

Für die schwierigste Szene, die Hill bewältigen muß, fällt die erste und einzige Klappe am 28. April, gut zwei Wochen nach Drehbeginn. Garp und seine Frau, dargestellt von Mary Beth Hurt, besichtigen ein Haus, das sie zu kaufen beabsichtigen. Während die Maklerin dem Ehepaar das Objekt schmackhaft zu machen versucht, taucht am Himmel plötzlich eine stotternde Propeller-Maschine auf, die abschmiert und genau in das Haus kracht, das sich die Garps gerade ansehen. Da die Szene mit einem Modell nicht realistisch genug ausgefallen wäre, beschließt Hill ein richtiges Flugzeug in den Kulissen stranden zu lassen. Ein Stunt, wie er noch nie zu sehen war. Wochenlang rechnet, mißt und kalkuliert der Pilot Jim Appelby mit welcher Geschwindigkeit, welchem Winkel und welcher Höhe er in die Kulissen krachen kann, ohne daß ihm etwas passiert. Die genaue Planung lohnt sich, der Stunt klappt auf Anhieb, niemand wird verletzt. Gesund und munter fliegt Appelby nach Kalifornien zurück. Die Szene ist damit aber noch nicht vollständig im Kasten. Das Drehbuch sieht vor, daß der Pilot aus seiner zerstörten Maschine klettert und Garp fragt, ob er das Telefon benutzen könne. Da der echte Pilot nicht mehr verfügbar ist, übernimmt George Roy Hill diesen Part persönlich – sein erster und einziger Auftritt in einem seiner Filme.

Robin Williams sammelte bei der Zusammenarbeit mit George Roy Hill vollkommen neue Erfahrungen. Da er seinen ersten Kinoauftritt erst kurz zuvor unter der Regie von Robert Altman absolviert hatte, konnte er zu diesem Zeitpunkt nur diese beiden miteinander vergleichen. Eine Charaktersierung fiel ihm daher auch nicht schwer: »Die beiden unterscheiden sich wie ein verrückter Onkel und ein gütiger Vater. Altman ist der verrückte Onkel, der dir viel Freiheit läßt und sagt: Hab'Spaß! George ist wie ein Vater, man respektiert ihn. Mit ihm im Rücken, mußte ich mir um meine Darstellung keine Sorgen machen.« Daß Williams und seine Mitspieler hervorragende Leistungen lieferten, lag sicher nicht nur daran, daß ihnen Hill relativ freie Hand ließ. Ganz erheblich dürfte dazu auch beigetragen haben, daß sich die Darsteller nicht nur vor der Kamera, sondern auch privat gut verstanden. Die Drehpausen verbrachte das Team häufig damit, sich schmutzige Witze zu erzählen, eine Disziplin, in der sich vor allem Mary Beth Hurt hervortat. Aber auch John Lithgow und Robin Williams sorgten für gute Stimmung. Lithgow beispielsweise imitierte einen American Express-Werbespot: »Hi, ich bin Roberta Muldoon, vielleicht kennen Sie mich noch als Robert Muldoon von den Philadelphia Eagles.« Woraufhin sich Robin ebenfalls in Pose warf, mit tiefer Stimme seinen Text herunterspulte: »Hi, ich bin Jimmy Hoffa. Sie haben mich sicher für eine ganze Weile nicht gesehen« — und dann die mechanischen Geräusche einer Zementmischmaschine imitierte (Hoffa war ein berühmter Gewerkschaftsführer in den USA, der auf mysteriöse Weise verschwand und von dem man sagt, daß ihn die Mafia mit Zementblöcken an den Füßen irgendwo versenkte).

Eine besonders innige Freundschaft entwickelte sich zwischen Robin Williams und Glenn Close, die hier nicht nur ihr Filmdebüt gab, sondern gleichzeitig mit einer Oscar-Nominierung geehrt wurde. Man sah die beiden auch häufig nach Ende der Dreharbeiten zusammen, aber daß mehr als eine platonische Beziehung dahinter stecken könnte, wie manches amerikanische Boulevard-Blatt vermutete, dementierten beide. Close erklärte hierzu: »Robin und ich haben uns immer sehr gut verstanden. Am meisten mag ich seinen Humor. Als ich ihn beispielsweise bei den Dreharbeiten zu seinem nächsten Film ›The Survivors‹ (deutsch: Die Überlebenskünstler) am Lake Tahoe besuchte, nannte er mich noch immer Mom. Er gewann fünf Dollar an einer Slot-Maschine und brüllte quer durch das Casino: ›Hey Mom, ich habe gerade Geld gewonnen!‹«

Sein charmanter Humor war der Stoff, den er

brauchte, um die Rolle des Sonderlings Garp auszufüllen. Aber nehmen wir die Lebensgeschichte des T. S. Garp, wie sie George Roy Hill in seinem Film erzählt, genauer unter die Lupe: Schon im Vorspann taucht Garp auf, ein zuckersüßes Baby, scheinbar zwischen den Wolken schwebend, das frech in die Kamera lächelt und die Neugier auf die Geschichte seines Lebens weckt: »Garp und wie er die Welt sah«, ein Schelmenstück. Der Streich beginnt 1944. Die Krankenschwester Jenny Fields ist zu Besuch bei ihren Eltern, die ihren Enkel Garp zum erstenmal zu Gesicht bekommen. Das biedere Paar versteht nicht, wieso die Tochter ein Baby hat, aber keinen Ehemann. Jenny erklärt das so: »Heiraten wollte ich nicht, ich wollte nur ein Baby.« »Und der Ring?« wirft die Mutter ein. »Ich brauchte nicht seinen Ring, Mutter, ich brauchte sein Sperma. Er lag flach auf dem Rücken im Krankenhaus. Eines Nachts, als er wie immer eine Erektion hatte, habe ich mich auf ihn gelegt und in mich eingeführt. Er hat fast sofort ejakuliert, und jetzt habe ich ein wundervolles Baby.« Für Jenny offensichtlich der normalste Vorgang der Welt. Die Mutter fällt in Ohnmacht. T. S. (Technical Sergeant) Garp, Jennys Begatter, ist ein Pilot, der mit lebensgefährlichen Verletzungen in das Krankenhaus eingeliefert wird, in dem Jenny arbeitet. Er liegt dauernd im Koma, aus dem er auch zu keinem Zeitpunkt erwacht. Kurz nach seiner fruchtbaren Begegnung mit der jungen Krankenschwester stirbt T. S. Garp senior.

Der Junior wächst unter den Fittichen seiner alleinerziehenden Mutter in einem Internat auf, in dem Jenny als Schulschwester arbeitet. Seine Kindheit verbringt Garp in dem Glauben, daß sein Vater, ein legendärer Bomberpilot, im Krieg ums Leben kam. Jenny hat ihm die ganze Wahrheit nicht erzählt, weil sie weiß, daß er sie nicht verstehen würde. Die Legenden, die Garp um seinen Vater spinnt, führen dazu, daß er sich für alles begeistert, was mit der Fliegerei zusammenhängt. Daneben beschäftigt vor allem das weibliche Geschlecht seine jugendliche Fantasie. Garp ist noch keine zehn Jahre alt, als er schon Mann und Frau spielt mit Cushie, der Nachbarstochter. Als es aber darum geht, die ehelichen Pflichten von Erwachsenen näher zu besprechen, taucht Bonker, der Nachbarshund, auf und beißt Garp ein Ohrläppchen ab.

Dieser kleine Unfall am Anfang seiner sexuellen Karriere hinterläßt keine psychischen Schäden, aber bis zur ersten echten erotischen Begegnung soll es noch einige Jahre dauern. Erst einmal steht seine Einschulung auf dem Programm. Jenny hat für ihren Sprößling schon alle Fächer, die er nehmen soll, ausgesucht. Nur was den Sport betrifft, ist sie noch unschlüssig. Sie schlägt vor, daß Garp Basketball spielen soll, doch wie der Junge ganz richtig bemerkt, ist er dafür eindeutig zu klein. Da sieht er plötzlich einen Ringer mit einem Kopfschutz durch die Sporthalle laufen. Sofort fühlt sich Garp an seinen Vater erinnert, der in seinem Bomber auch eine Art Helm tragen mußte. Sein Entschluß steht fest: Er wird Ringer.

Gesagt, getan. Die Zeit zieht ins Land. Garp ringt, geht zur Schule und reift zum Mann. Sein erster wichtiger Lebensabschnitt beginnt an einem schönen, sonnigen Tag. Garp dreht langsam seine Runden auf dem Sportplatz, als er auf der Tribüne ein hübsches, blondes Mädchen sitzen sieht. Es handelt sich um Helen Holm, die Tochter seines Ringer-Trainers. Als der nächste Wettkampf ansteht, sitzt Helen unter den Zuschauern, und obwohl Garp alle Mühe hat, seinen Gegner auf die Matte zu drücken, gelingt es ihm doch, vielsagende Blicke mit ihr auszutauschen. Jenny, die in ihrer weißen Schwesterntracht ebenfalls zusieht, beobachtet ihren Sohn mißtrauisch, und als sie mitkriegt, was sich da abspielt, sucht sie Mr. Holm auf: »Mr. Holm, Sie haben eine Tochter, ich habe einen Sohn. Und er ist voller Wollust. Ich kann es von weitem sehen – er ist scharf auf Ihre Tochter.« »Da würde ich mir keine Sorgen machen,« entgegnet der Trainer, »Helen kann gut auf sich selbst aufpassen, und außerdem ist es doch nur natürlich.« Doch Jenny läßt sich so nicht abfertigen: »Krankheiten sind auch nur natürlich. Das heißt aber nicht, daß wir nachgeben müssen. Achten Sie auf Ihre Tochter.«

Doch Helen und Garp lassen sich von Jenny nicht aufhalten. Die junge Liebe treibt zarte Knospen, und fast gleichzeitig beschließt Garp, Schriftsteller zu werden. Er sitzt nächtens in seinem Zimmer und bearbeitet ungestüm seine

Schreibmaschine. Von dem Krach schreckt Jenny aus dem Schlaf, schleppt sich müde in Garps Zimmer und greift sich das Manuskript. Was sie zu lesen bekommt, stimmt sie alles andere als froh. »Wenn du über mich schreiben willst,« schimpft sie, »dann warte gefälligst, bis ich tot bin.« Garp protestiert kleinlaut: »Aber ich habe doch noch gar nichts erlebt.« Er findet kein Gehör: »Dann erfinde etwas.«

In dieser Zeit lernt Garp, daß das Leben nicht nur aus Höhen, sondern auch aus Tiefen besteht. Schon am nächsten Tag bahnt sich eine neue Niederlage an. Zufällig trifft er Crushie, seine alte Jugendliebe, und ehe er sich versieht, hat er es sich mit ihr hinter einer Hecke bequem gemacht und probt erneut das Mann-und-Frau-Spiel, diesmal mit allen Konsequenzen. Nur Pech, daß Pooh, Cushies schweigsame kleine Schwester, die ganze Szene beobachtet und die zufällig vorbeikommende Helen herbeiruft, damit sie dem lustigen Treiben auch zusehen kann. Poohs hinterhältiger Verrat hat böse Konsequenzen, denn Helen will nichts mehr von ihm wissen. Just in dem Augenblick, in dem sie Garp zum Teufel schickt, läuft ihm Bonker über den Weg, der ihm einst das Ohr angeknabbert hat. Zähnefleischend steht der Köter da und rührt sich keinen Millimeter. Garp, völlig von Sinnen, stürzt sich auf ihn und beißt ihm ein Ohr ab. Späte Rache.

Garp und Jenny ziehen nach New York, nach Greenwich Village, dem Künstlerviertel. Die Mutter, von den schriftstellerischen Ambitionen ihres

Sohnes mittlerweile selbst zum Schreiben animiert, bastelt ebenfalls an einem Buch. Während Garp an einem literarischen Werk sitzt, verfasst Jenny ihre Memoiren. Der Titel: »Sexuell verdächtig«. Garp schreibt unterdessen an einer Kurzgeschichte »Die magischen Handschuhe«. Beide bringen ihre Manuskripte gleichzeitig zu einem Verleger, der beide Bücher auch herausbringt. Jennys feministischer Wälzer wird ein Millionenhit, von Kritikern mäßig gelobt, von den Lesern, meist Frauen, geliebt. Garp dagegen erntet das Lob der Kritiker, erreicht aber nur bescheidene Verkaufszahlen. Jenny wird zur Kultfigur, vor allem in der Frauenszene. Garp, der in ihrem Buch vorkommt, wird ebenfalls berühmt, aber nicht als Schriftsteller, sondern lediglich als der Bastard von Jenny Fields.

Als die Bücher veröffentlicht sind, kehrt Garp zu Helen zurück, bittet sie um Verzeihung und hält um ihre Hand an. Helen sagt ja. Gemeinsam machen sie sich auf die Suche nach einem Haus. Als sie eins gefunden zu haben scheinen, kracht ein Flugzeug in das Gebäude. Ohne zu zögern, beschließt Garp das Haus zu kaufen. Helens Einwände läßt er nicht gelten: »Schatz, die Chancen, daß noch ein Flugzeug das Haus trifft, sind astronomisch gering. Es ist katastrophengeschult.« Dieser Logik hat Helen nichts entgegenzusetzen. Die junge Familie Garp beginnt auf eigenen Füßen zu stehen. Der Hausherr schreibt an seinem zweiten Roman, Helen erwartet ihr erstes Kind, das Leben könnte wunderbar sein, wenn sich jetzt noch der berufliche Erfolg einstellen würde. Garp jammert: »Niemand will meinen Roman kaufen. Ich habe im Time Magazine gelesen, daß sie das Buch meiner Mutter gerade in Apache übersetzen. Nicht mal Shakespeare oder Dickens sind in die Sprache der Apachen übersetzt worden.«

Während Helen am College unterrichtet und für den Unterhalt der Familie sorgt, kümmert sich Garp um den Haushalt, um das Kind Duncan und schreibt nebenbei seine Bücher. Jenny schreibt nicht mehr. Sie lebt wieder in ihrem großen Haus am Meer, das sie in ein Wohnheim für mißhandelte und mißbrauchte Frauen umgewandelt hat. Als Garp, Helen und der kleine Duncan ihre Ferien dort verbringen, freunden sie sich mit Roberta an, früher Robert, ein berühmter Football-Profi, der für die Philadelphia Eagles spielte. Es soll eine Freundschaft fürs Leben werden.

Inzwischen nimmt alles seinen Gang. Helen bekommt ein zweites Kind, wieder einen Sohn. Die Kinder wachsen heran, Garp kümmert sich großartig um seine Stammhalter, sie sind sein ganzer Lebensinhalt. Das Glück bricht auseinander, als Helen eine Affäre mit einem Studenten beginnt und Garp dahinterkommt. Traurig, verzweifelt und enttäuscht irrt der gehörnte Ehemann mit seinen zwei Jungs durch die Stadt. Am Telefon verspricht Helen, ihre außereheliche Beziehung noch am gleichen Abend zu beenden. Da aber kommt es zur Tragödie. Helen trifft sich mit ihrem Liebhaber in dessen Auto auf dem Parkplatz vor dem Garpschen Haus, um sich für immer von ihm zu verabschieden. Er will aber nur gehen, wenn Helen ihm ein letztes Mal Erleichterung verschafft. Helen tut ihm den Gefallen, und es soll ein Akt werden, den der junge Mann nie mehr vergessen wird. Mitten in der Ekstase taucht plötzlich Garp mit den Söhnen auf. Da Garp nicht mit einem Auto auf seinem Parkplatz gerechnet hat, knallt er auf das parkende Fahrzeug der Liebenden.

Der Unfall verändert alles. Garp bricht sich den Kiefer, Helen verrenkt sich den Hals, Duncan verliert ein Auge, der junge Liebhaber seinen Penis, Sohn Nummer zwei, Walt, sein Leben. Es dauert lange, bis die Wunden wieder verheilt sind. Um das Ergebnis zu verarbeiten, schreibt Garp ein neues Buch, es wird eine Abrechnung mit den Frauen, die im Haus seiner Mutter leben. Und als schließlich die Last von seiner Seele gefallen ist, bekommen er und Helen wieder ein Kind, diesmal eine Tochter. Doch das Glück währt nicht lange. Auf einer Wahlkampfveranstaltung wird Jenny von einem Heckenschützen ermordet. Sie, die Symbolfigur der Frauenbewegung, ist tot, ihre Anhängerinnen geben Garp die Schuld an der Tragödie, und während einer Trauerfeier für die Mutter, gehen die Frauen auf ihn los. Daß ihm nichts passiert, verdankt er schließlich Roberta, die ihn vor den Angriffen schützt. Doch Garp entkommt den fanatischen Frauenrechtlerinnen nicht wirklich. Während des Ringertrainings – Garp hat inzwischen die Mannschaft seines alten Colleges übernommen — taucht plötzlich eine Frau in weißer Krankenschwesteruniform auf und feuert aus ihrer Pistole drei Kugeln auf ihn ab. Auf dem Weg ins Krankenhaus stirbt Garp.

Eigentlich sollte »Garp und wie er die Welt sah« nie in deutschen Kinos laufen. Einsam und vergessen schlummerte das Werk fünf Jahre in den Archiven, bis sich die Warner-Home-Video entschloß, den Film 1987 auf dem Münchner Filmfest in der Kategorie Videopremieren zu zeigen. Publikum und Kritiker reagierten in einer Mischung aus Begeisterung und Unverständnis. So schrieb beispielsweise die »Frankfurter Allgemeine«: »Das rundum schönste Kinoerlebnis im wahrlich reichhaltigen Angebot des Filmfestes hatte der Zuschauer ausgerechnet in der Reihe sogenannter Videopremieren, Filmen also, die sehr wohl fürs Kino bestimmt, es aber nicht bis dahin geschafft haben. Was mag wohl vor fünf Jahren die Verantwortlichen bewogen haben, bei der exzellenten Verfilmung von John Irvings Bestseller abzuwinken?« Der Hamburger Filmverleih FiFiGe machte den Fehler wieder wett und brachte den Film bundesweit in die Kinos. Mit meist positiver Resonanz. Die »Kölnische Rundschau« urteilte: »Garp wird wieder ein Erwachsenenpublikum in die Kinos locken, denn er zeigt, wie spannend es sein kann, die vielen Gesichter der Liebe zu beleuchten, ohne in einfältigen Stereotypen steckenzubleiben.« Der »Westfälische Kurier« lobte vor allem die Hauptdarsteller: »Robin Williams sorgt für 135 Minuten fantasievolle Kinounterhaltung, die man so schnell nicht vergißt«. Und auch »cinema«, die führende Filmfachzeitschrift Deutschlands, feierte vor allem die Schauspieler: »Robin Williams, Mary Beth Hurt und Glenn Close bieten exzellente Leistungen.«

Eine Menge Erfahrungen:
»*Die Überlebenskünstler*«

Gerade als sich Robin Williams mit »Garp und wie er die Welt sah« als ernstzunehmender Schauspieler etabliert hatte, ließ er sich von Regisseur Michael Ritchie für »Die Überlebenskünstler« anheuern. Man konnte Großes erwarten von einem Film, der den rauhen Charme eines Walter Matthau mit der Improvisations-Komik eines Robin Williams verbindet. Was aber kam dabei heraus? Die amerikanischen Kritiker ließen kein gutes Haar an der Komödie, die der Regisseur von Filmen wie »Schußfahrt« und »Der Kandidat« (beide mit Robert Redford in der Hauptrolle) inszenierte. Was den Amerikanern besonders mißfiel, war die Tatsache, daß der Film in seinen ersten 15 Minuten über alle Elemente einer guten Komödie verfügt, dann aber in eine ebenso martialische wie blödsinnige Klamotte abdriftet. So schrieb beispielsweise »Variety«, das Sprachrohr der Filmindustrie in Hollywood: »Wenn es Lacher in dieser Komödie gibt, dann ist das allein dem darstellerischen Vermögen von Walter Matthau und Robin Williams zu verdanken.« Diese Worte, im Vorfeld der amerikanischen Premiere veröffentlicht, trugen sicher nicht unerheblich dazu bei, daß dem Streifen an der Kinokasse kein Erfolg beschieden war. Jahre später, als die »New York Times« in ihrer Magazin-Beilage einen mehrseitigen Artikel über Robin Williams veröffentlichte und seine ganze Karriere unter die Lupe nahm, widmete der Autor dem Kapitel »Die Überlebenskünstler« gerade vier Zeilen: »In dem Flop ›The Survivors‹ (engl. Originaltitel) gab Robin Williams eine mutige Vorstellung als waffenverrückter Bürohengst, aber in diesem müden Vehikel war seine Maschinengewehr-Komik etwas zuviel des Guten.«

Zum Inhalt:

Es scheint ein Tag wie jeder andere zu werden. Donald Quinelle erscheint pünktlich in der Firma, als ihm die Sekretärin mitteilt, daß er sich beim Chef melden soll. Donald begibt sich schnurstracks in das Büro vom Boß, doch der Alte ist nirgends zu sehen. An dem großen Schreibtisch thront stattdessen ein Papagei. Der Vogel schnattert los und spricht dem Manager die Kündigung aus. Donald hält seinen Auftritt für einen Scherz, wird aber von der Sektretärin eines besseren belehrt. Schlechte Nachrichten auch für den Tankstellenbesitzer Sonny Paluso. Der Mineralölkonzern kündigt ihm gerade seinen Vertrag, als eine achtlos weggeworfene Zigarette seine Zapfstation in Flammen aufgehen läßt. Die Explosion ist kilometerweit zu hören.

In einem billigen Fast-Food-Restaurant kreuzen sich die Wege von Donald und Sonny. Der Ex-Manager erregt die Aufmerksamkeit des Ex-Tankstellenbesitzers, weil er schluchzend über seinem Kaffee sitzt. Sonny geht die Flennerei auf die Nerven: »Meine Antenne sagt mir, daß Sie Schwierigkeiten haben, und es würde Ihnen besser gehen, wenn Sie ihre Probleme abladen. Wenn Sie darüber reden wollen, sollten Sie es aber woanders tun.« Bevor Donald diese Liebeserklärung erwidern kann, stürmt ein maskierter Gangster in das Lokal. Er fuchtelt mit seinem 45er Colt herum, und als er kaum Geld in der Kasse findet, bedroht er die Gäste und fordert deren Geld. Sonny und Donald stürzen sich auf den Gauner. Es kommt zu einem Handgemenge, ein Schuß fällt, Donald bricht, an der Schulter getroffen, zusammen. Der Verbrecher flieht, aber nicht, ohne daß ihm Sonny zuvor die Maske vom Gesicht reißt. Spätere Identifizierung nicht ausgeschlossen.

Donald liegt im Krankenhaus. Seine Verletzung ist allerdings nicht schwerwiegend. Als Sonny seinen Kampfgefährten besucht, läuft im Fernsehen gerade ein Bericht über die Ereignisse im Lokal. Im Kommentar verteufelt der Sprecher die Heldentat des Duos als rücksichtslose, selbstmörderische Dummheit zweier tollkühner Angeber. Donald schäumt vor Wut. Diesen Angriff will er nicht auf sich sitzen lassen. Also begibt er sich zu dem Fernsehsender und gibt eine Gegendarstellung ab, die er persönlich in die Kamera spricht. Dummerweise erwähnt er Sonnys Namen und führt dadurch den Räuber auf die Spur des einzigen Mannes, der ihn wiedererkennen kann.

Williams mit Altstar Walter Matthau in ›Die Überlebenskünstler‹. Was eine gute Komödie hatte werden sollen, entpuppte sich als langweilige Klamotte

Noch in der gleichen Nacht rächt sich Donalds Unachtsamkeit. Sonny liegt träumend in seinem Bett, als kalter Stahl seine Nase kitzelt. Eine Stimme schnarrt: »Es tut mir leid, daß ich dich wecken muß, aber ich töte niemanden im Schlaf.« Sonny schlägt die Augen auf und blickt in das Mündungsrohr einer Pistole. Der Gangster aus dem Lokal sitzt auf der Bettkante und lächelt schief. Der Bösewicht ist seiner Sache so sicher, daß er sich sogar mit seinem Namen vorstellt: Jack Locce. Er hält seine Knarre hoch und sagt: »Dieses Ding ist tödlich, und ich lasse es für Geld losgehen. Auf mein Konto gehen viele Morde in diesem schönen Land. Unaufgeklärte Morde. Vielleicht erinnerst du dich an einen toten Gewerkschaftsboß, Jimmy Hoffa. Ich will mich nicht mit Ruhm bekleckern, aber ich hab' ein paar Jungs weggepustet.« Sonny schwitzt, aber der Killer hört nicht auf zu reden. Schließlich lachen die beiden sogar gemeinsam. Die Lage scheint entspannt, der Mörder erweckt den Anschein, als habe er seine Absichten geändert: »Tja, Sonny, dann werde ich mich mal auf den Nachhauseweg machen. Wenn ich zu lange wegbleibe, glaubt meine Alte, ich gehe fremd.« Sonny erleichtert: »Wie wäre es mit einer Tasse Kaffee?« Doch der Killer lehnt ab: »Nein danke, bei soviel Koffein schießt immer mein Blutdruck in die Höhe. Wenn du willst, kannst du das Kopfkissen benutzen.« »Wieso?« will Sonny wissen. »Sozusagen als Schalldämpfer.« »Sie wollen mich immer noch umbringen?« »Das muß ich doch tun, Sonny, ich meine, ich habe eine Familie.« Sonnys Zuversicht schmilzt wie Butter in der Sonne, und als er eben mit seinem Leben abschließen will, klingelt es an der Tür. Der Killer gerät aus dem Konzept. Sonnys Tochter Candice öffnet die Tür, es ist Donald. Der merkt schnell, daß etwas nicht stimmt. Er tut, als würde er das Haus verlassen, lauert dem Mörder auf und schlägt ihn nieder, als er um die Ecke kommt. Die Gefahr ist gebannt. Sonny und Donald legen Jack in Fesseln und schleppen ihn zum nächsten Polizeirevier, wo es zunächst zu einer Verwechslung kommt, da Donald die Pistole aus der Manteltasche zieht. Aber die Sache klärt sich schnell auf. Jack wird festgenommen und wegen des Gaststätten-Überfalls eingesperrt.

Donald bekommt plötzlich das Gefühl, daß die Polizei der Gewalt in den Straßen nicht mehr gewachsen ist. Gangster laufen frei herum, und bedrohen unschuldige, wehrlose Bürger wie ihn. Das will er sich nicht mehr gefallen lassen. Kaum, daß sie Jack im Gefängnis abgeliefert haben, zieht es Donald und Sonny in ein Waffengeschäft. Während Sonny die Aktion für eine ausgemachte Schnapsidee hält, läßt sich Donald vom dem unüberschaubaren Angebot der Tötungsindustrie überwältigen. Er kauft schließlich ein paar sogenannte Survival-Messer und ein halbautomatisches Schnellfeuergewehr. Darüberhinaus eine Holzhütte in den Bergen, in der er einen etwaigen Krieg zu überstehen gedenkt, und er bucht einen Überlebensurlaub, bei dem zivilisationsmüde Manager wie er in paramilitärischen Übungen den

Ernstfall proben. Als Donald seine todbringende Ausrüstung nach Hause schleppt, dreht seine Verlobte durch. Sie droht, ihn zu verlassen, falls er das ihrer Meinung nach blödsinnige Überlebenstraining mitmacht. Doch Donald ist fest entschlossen, nichts kann ihn von seinem Vorhaben abbringen. Und da sich Freund Sonny auch nicht breitschlagen läßt, fährt Donald alleine los, um sich irgendwo in der Einsamkeit der Berge auf sein zukünftiges Dasein als Kampfmaschine vorzubereiten.

Sonny hat derweil einen Job als Taxifahrer gefunden, und während er nachts gemütlich durch die Straßen schaukelt, steigt plötzlich ein Fahrgast ein, der nichts Gutes im Schilde führt: Jack, der Killer. »Ausgebrochen?« fragt Sonny etwas irritiert. »Auf Kaution raus.« Jetzt sieht es endgültig so aus, als hätte Sonnys letztes Stündlein geschlagen. Doch der Killer läßt sich überzeugen. Sonny schwört, daß er der Polizei nichts von dem Hoffa-Mord erzählen wird. Nach einigem Hin und Her überlegt es sich Jack und willigt ein, Sonny nicht zu töten, vorausgesetzt, Donald schwört ebenfalls, die Klappe zu halten.

Da es in Donalds Trainingscamp kein Telefon gibt, bleibt Sonny keine andere Wahl als selbst hinzufahren. Zusammen mit Tochter Candice macht er sich auf den Weg. Als er in der verschneiten Einsamkeit ankommt, treffen sie auf einen Donald, der nicht wiederzuerkennen ist. Aus dem großstädtischen Weichling ist ein martialischer Einzelkämpfer geworden, der voller Kampfgeist steckt. Als ihm Sonny erzählt, daß sich Jack wieder auf freiem Fuß befindet, reagiert er ganz cool und ruft Jack an, um — wie Sonny glaubt — ihm seines Stillschweigens zu versichern. Doch Donald hat anderes im Sinn und schwadroniert in den Fernsprecher: »Ich sage, was ich will und zu wem ich will. Ich lasse mir nicht das Maul verbieten. Du kannst mich nicht einschüchtern. Komm hierher und ich blase dich weg.« Das läßt sich Jack natürlich nicht zweimal sagen. Er packt seine Koffer und fährt los. Sonny, der inzwischen weiß, was sich am Telefon abgespielt hat, versteht die Welt nicht mehr. Ein kurzes, klärendes Gespräch hätte ihnen einen Mörder vom Hals geschafft — und dieser größenwahnsinnige Idiot Donald hat nichts Besseres zu tun, als einen Profi-Killer herauszufordern!

Um Sonny zu beruhigen und ihm zu zeigen, daß er und Candice sich in Sicherheit befinden, führt Donald seinen Freund durch das Lager. Wildgewordene, in dicke Winterjacken gekleidete Männer hüpfen zwischen Bäumen umher und schießen mit scharfer Munition auf Pappkameraden. Wes, der Ausbilder, erweckt den Eindruck eines aufrechten Kämpen, eines Mannes aus echtem Schrot und Korn, und seine martialischen Jünger kleben bei jedem seiner Worte an seinen Lippen. Doch Sonny läßt sich nicht täuschen, er weiß, daß es dem gerissenen Lagerkommandanten nicht um seine Leute und deren Ausbildung geht, sondern ausschließlich ums Geld.

Um heil aus der Sache herauszukommen, sieht

Sonny nur einen Ausweg: Er muß den kampfwütigen Donald außer Gefecht setzen, und schnellstmöglich hier wegschaffen. Tatsächlich gelingt es ihm, den Kumpel k. o. zu schlagen und zu fesseln. In der Nacht allerdings kann sich Donald befreien und aus dem Haus schleichen. Mit seinem Hundeschlitten stiehlt er sich davon, um Jack im Wald aufzulauern. Und tatsächlich treffen die Kontrahenten aufeinander. Donald, der Wüterich, zieht seine Maschinenpistole und feuert ohne Warnung los. Jacks Wagen geht zu Bruch, er selbst kann sich mit einem Hechtsprung hinter einem Schneehaufen in Sicherheit bringen. Eine wilde Knallerei beginnt, bei der Donald mit Kriegsgeschrei hinter Jack herhetzt, der sich wiederum von den Kugeln, die massenweise um seinen Kopf schwirren, kaum beeindrucken läßt.

Inzwischen haben auch Wes und seine Mannen von der Schießerei im Wald erfahren. Für sie die passende Gelegenheit, endlich einmal einen realen Kampfeinsatz durchzuführen. Die Herausforderung ist groß, schließlich haben sie es hier mit einem echten Profi-Killer zu tun. In dem allgemeinen Wirrwarr verschwimmen die Fronten. Wer ist Feind, wer Freund? Am Ende sieht es so aus, daß Jack, Donald, Sonny und Candice auf der einen Seite, die Jungs aus dem Camp auf der anderen Seite stehen. Die anschließende Verfolgungsjagd endet damit, daß der Koffer, den Lagerchef Wes ständig mit sich herumschleppt, aus Versehen aufklappt. Heraus fliegen nicht — wie von seinen Anhängern vermutet — Anleitungen für ein Leben nach der Apokalypse, sondern Aktien, Kommunalobligationen, Kreditkarten und andere Wertpapiere. Seine Jünger fühlen sich — zu Recht — hintergangen und wollen ihr Geld zurück. Wes bleibt nur die Flucht, das Quartett kann beruhigt in die Stadt zurückfahren. Und während das Auto in Richtung Zivilisation rollt, gesteht Jack, daß er mit dem Mord an Hoffa nichts zu tun, sondern nur ein bißchen angegeben hat. Und Donald ist am Ende auch kuriert.

Nach diesem, von der Kritik zu Recht verrissenen Wirrwarr, auf den Robin Williams nicht besonders Stolz war und die auch wenig von seinen Fähigkeiten als Schauspieler zeigte, konnte er kurz darauf in »Moskau in New York« unter der Regie von Paul Mazursky beweisen, daß er mehr drauf hat, als von einem Stand-Up-Komiker üblicherweise verlangt wird.

Kein kalter Krieger:
»Moskau in New York«

In der Fernsehserie »Mork vom Ork« spielte Robin Williams einen neunmalklugen Außerirdischen, in »Popeye« einen Zeichentrick-Seemann und in »Garp und wie er die Welt sah« einen sensiblen Schriftsteller – eine ansehnliche Kollektion von Rollen, zumindest für einen Stand-Up-Komiker. In Paul Mazurskys Tragikomödie »Moskau in New York« bekam er die Chance, seine Fähigkeiten als seriöser Schauspieler erneut unter Beweis zu stellen. Für die Rolle eines russischen Zirkusmusikers nahm Robin Monate vor den Dreharbeiten Russischunterricht und lernte Saxophon zu spielen. »Es ist wundervoll,« erklärt Williams, »in einer fremden Sprache zu spielen. Man wird gezwungen, hundertprozentig zu arbeiten. Um mich vorzubereiten, habe ich vier Monate lang fünf Tage pro Woche Russisch gelernt.« Schenkt man seinem Saxophon-Lehrer Glauben, lernte Williams in zwei Monaten, wofür andere gewöhnlich zwei Jahre brauchen. Paul Mazursky über seine Wahl des Hauptdarstellers: »Ich wußte, daß ich für die Rolle des Vladimir einen smarten Schauspieler brauchen würde. Und ich wußte, daß Robin Williams die Ironie spielen kann, die man braucht, wenn man von einem Alptraum in den anderen stolpert, ohne dabei in Selbstmitleid zu verfallen. Es ist schrecklich für einen Schauspieler, eine Rolle zu übernehmen, in der er eine solch komplette Transformation durchlebt. Aber ich fühlte, daß Robin außergewöhnlich sein würde. Ich habe ihn auch genommen, weil ich jemanden wollte, der das Budget nicht sprengt. Ich brauchte einen vielseitigen Schauspieler, der schon einen Namen hat, ohne allzu teuer zu sein. Außerdem gibt es nicht viele Schauspieler, die komisch, vital und mutig genug sind, um ja zu sagen zu einem Film, dessen erste Viertelstunde in Russisch gedreht wird. Robin lernte und sprach schließlich wie ein Russe. Das war großartig. Außerdem mochte ich ihn persönlich, mochte seine Filme und seine Comedy-Sachen.«

Worum es in dieser zeitgenössischen Komödie geht, schildert Williams so: »Im Grunde geht es um den Umgang eines Mannes mit seiner persönlichen Freiheit. Ich spiele einen russischen Zirkusmusiker, der mit dem Zirkusorchester auf eine Gastspielreise nach New York kommt. Am letzten Tag der Tournee darf das gesamte Ensemble zum Einkaufen ins weltberühmte Kaufhaus Bloomingdale's. Und während er etwas ziellos durch diesen Konsumtempel wandert, passiert etwas in seinem Kopf, und er entschließt sich, abzuhauen und um politisches Asyl zu bitten. Es wird eine lange Flucht mit KGB-Agenten, Kaufhausdetektiven und Polizei. Der Film folgt dem Musiker, zeigt seine Erfahrungen und Erlebnisse in einer neuen

Vladimir kommt in New York an

Kultur und seinen Umgang mit einem neuen Way of Life.«

Mit seinem Film schien Paul Mazursky aber auch seine eigene Vergangenheit aufzuarbeiten. Schon lange ging er mit der Idee schwanger, einen Film über Immigranten zu drehen. »Eigentlich begann alles im Jahre 1905, als mein Großvater aus einem Zug sprang. Er war aus Kiew, diente in der russischen Armee und flüchtete vor dem Zarenregime auf ein Boot, das ihn nach Amerika brachte. Auf dem Schiff lernte er meine Großmutter kennen. Ich glaube, die Wurzeln jeder Geschichte, die mit Emigration zu tun hat, liegen dort, Jahre zurück.« Bei der Vorbereitung zu seinem Film, führte der Regisseur zahlreiche Recherchen durch, sprach mit russischen Immigranten überall in den Vereinigten Staaten über ihre Erfahrungen im Land der unbegrenzten Möglichkeiten, und als die erste Fassung des Drehbuchs fertig war, reiste er sogar nach Moskau, Kiew und Leningrad, um die Lebensgewohnheiten der Russen zu studieren. »Die meisten Russen versuchen lediglich zu überleben,« schildert Mazursky seine Erlebnisse, »und dennoch lassen alle Russen, die ihre Heimat verlassen, etwas zurück, was sie schätzen und lieben. Sie geraten in einen ungeheuren Konflikt, der ihren Mut noch bewundernswerter macht. Für mich stellte sich die Frage, wie sollte ich es anstellen, daß eine solch schwierige Situation komisch wirkt? Und da ich keine Seifenoper machen wollte, entschloß ich mich, dieses Thema sehr ernstzunehmen, aber gleichzeitig unterhaltend zu gestalten. Und dabei half mir Robin Williams.«

»Paul und ich arbeiteten schon fast wie Brüder zusammen,« erklärt Williams. »Wir konnten ehrlich und aufrichtig miteinander umgehen. Gefiel mir beispielsweise eine Szene nicht, konnte ich mit Paul offen darüber sprechen, ohne daß er beleidigt gewesen wäre oder den Chef herausgekehrt hätte, und umgekehrt war es genauso.« Im Gegensatz zu anderen Regisseuren, wie später Roger Donaldson in »Cadillac Man«, die dem Improvisationsgenie Williams oft völlig freie Hand ließen, schränkte Mazursky den Freiraum seines Stars erheblich ein, wofür Williams allerdings größtes Verständnis zeigte: »Zum Improvisieren ließ das Drehbuch keinen Platz. Außerdem ist es in Russisch auch gar nicht so leicht. Ich mochte den Film, weil er mir eine ganz neue Perspektive eröffnete, was Immigranten passiert, wenn sie in dieses Land kommen. Ich habe gelernt, was es heißt, von ganz unten anzufangen, zwei oder drei Jobs gleichzeitig annehmen zu müssen, um am Leben zu bleiben. Diese Menschen fahren Taxi, arbeiten als Tellerwäscher, verkaufen billige Andenken auf der Straße. Sie träumen vom ganz großen Coup und kommen dann hierher, wo Millionen von Menschen den gleichen Traum haben.« Obwohl Williams bei der Produktion von »Moskau in New York« seinem Improvisationstrieb weniger freien Lauf lassen konnte als gewohnt, war er doch sehr froh, dabeisein zu können: »Der Film hat mir sehr viel Spaß bereitet. Es war aber auch ein schwerer Kampf, denn ich mußte zwischen Szenen mit ausgelassener Verrücktheit und delikaten Liebesaufnahmen balancieren. In einem ernsten Film zu spielen und dabei komisch zu sein, ist eine schwierige Aufgabe. Eine Herausforderung, wie sie mir gefällt.«

Bei der Gestaltung des Films hat Regisseur Mazursky sehr viel Wert darauf gelegt, daß vor allem die Szenen in Moskau realitätsnah und authentisch wirkten. Zusammen mit Casting-Agenten und durch Anzeigen in russischen Zeitschriften, die sowohl in New York, als auch in München (wo alle Moskau-Szenen aufgenommen wurden) erschienen, suchte er sowjetische Schauspieler, mit denen er die Rollen von Vladimirs Familie, von Freunden, KGB-Agenten und Zirkusartisten besetzen konnte. Es waren fast ausschließlich emigrierte Russen, die während der Carter-Administration in die Vereinigten Staaten gekommen waren. Dazu gehörte beispielsweise Alexander Beniaminov, einer der führenden Bühnen- und Filmschauspieler Leningrads, der bereits 1926 das erste Mal vor einer Filmkamera gestanden hatte. Und Ludmilla Kramarevsky, eine ehemalige Akrobatin vom Moskauer Staatszirkus — als Vladimirs Mutter — sowie Savely Kramarov, ein berühmter russischer Schauspieler, der in seinem Land mit Jerry Lewis verglichen wurde, in der Rolle eines KGB-Agenten. Die Russen sollten für Authentizität sorgen, so wollte es Mazursky, und nahm deshalb auch etliche Schwierigkeiten in Kauf: »Die russischen Darsteller hatten große

Ein russischer Zirkusmusiker muß sich in New York zurechtfinden
– nicht immer ganz einfach.
Vladimir und Lionel trösten sich gegenseitig über ihren Weltschmerz hinweg

Karrieren in ihrer Heimat abgebrochen. Hier konfrontierten wir sie mit dem Sprachproblem. Ich hatte zeitweilig bis zu fünf Dolmetscher am Set. Es war Wahnsinn. Dafür haben gerade sie dem Film die Energie, den Saft und die Atmosphäre gegeben. Das war für mich eine wichtige Erfahrung.« Robin Williams über seine Zusammenarbeit mit den sowjetischen Akteuren: »Ich liebte es, mit den russischen Schauspielern zu arbeiten, vor allem mit Sascha Beniaminov, dem Mann, der meinen Großvater spielt. Zur Zeit der Dreharbeiten war er 78 Jahre alt und spielte in einer unnachahmlichen Mischung aus Laurence Olivier und Harpo Marx.«

In »Moskau in New York« gibt es erstmals auch eine Liebesszene mit Robin Williams zu sehen. Eine Szene, die der Mime offensichtlich sehr angenehm fand:

»Ja, ich hatte mit Maria, der heißen Miss Conchita Alonso, einen Auftritt in der Badewanne, den habe ich sehr genossen.« Und auch Maria Conchita Alonso, die geborene Kubanerin, die in Venezuela aufwuchs und 1971 zur Miss World gekürt wurde, äußerte sich euphorisch über die Zusammenarbeit mit Robin Williams: »Er ist wirklich fantastisch. Im wirklichen Leben ist er furchtbar schüchtern, man möchte ihn die ganze Zeit in den Arm nehmen und knuddeln, weil man fühlt, daß er soviel Liebe zu geben hat. Außerdem machte es ungeheuer viel Spaß, mit ihm zu drehen, weil jeden Tag irgendetwas Neues passierte.«

Die Dreharbeiten begannen am 11. Juli 1983 in

München, im heißesten Sommer seit mehr als 100 Jahren. Und ausgerechnet hier inszenierte Mazursky die Moskauer Winterszenen. Die Aufnahmen fanden hauptsächlich in den Arri-Studios statt, wo Co-Produzent und Produktionsdesigner Pato Guzman die Moskauer Wohnung von Vladimir nachbaute. Die Außenaufnahmen fanden in den Bavaria-Filmstudios statt, in der berühmten Kulisse von Ingmar Bergmans »Das Schlangenei«. Nach vier Wochen kehrte das Filmteam nach New York zurück, wo weitere zwei Monate lang gedreht wurde. Die Schauplätze waren Bloomingdale's, Lincoln Center, Times Square, Brighton Beach und Harlem. Warum ausgerechnet New York? Mazurskys Erklärung: »Wenn man von Amerika spricht, dann gibt es eben New York und danach noch viele andere Ort. Die anderen kann man miteinander vergleichen. New York läßt sich mit nichts vergleichen. Es ist ein wahnsinniger Ort. Und außerdem gibt es dort guten Kaffee.« War das vielleicht der Grund, weshalb Vladimir sich entschloß, in Amerika zu bleiben?

Winter in Moskau. Der Zirkusmusiker Vladimir Ivanoff befindet sich auf dem Weg zur Arbeit, als er an einem Geschäft vorbeikommt, vor dem sich eine lange Menschenschlange versammelt hat. Ein Offizier der Roten Armee eilt auf die Schlange zu, Vladimir hetzt hinterher und fragt knapp: »Toilettenpapier?« Die Antwort, ebenso ausführlich: »Nein, Schuhe!« Warum nicht, auch Schuhe kann man immer brauchen, vor allem, wenn es tschechische oder polnische sind. Als Vladimir an die

Reihe kommt, stellt er fest, daß es sich um Sommerslipper handelt – und das mitten im Winter. Egal. Größe 45 ist ausverkauft, es gibt nur noch 38er. Auch egal. Drei Paare will er haben, es gibt aber nur zwei pro Kunde. Gekauft.

Als Vladimir schließlich – natürlich zu spät – im Zirkus ankommt, reagieren die beiden KGB-Agenten ungehalten. Sie sind nervös, denn der Zirkus fährt auf eine Gastspielreise nach New York. Grund genug für die eifrigen Kommunisten, die Linientreue der Artisten und Musiker noch einmal unter die Lupe zu nehmen. Sollte jemand diese Gelegenheit zum Überlaufen nutzen, hätte das böse Konsequenzen für die beiden Agenten, und auf eine Versetzung nach Sibirien sind sie gar nicht scharf.

Vladimir lebt mit seiner Sippe, bestehend aus Großvater, Eltern und Schwester, zusammengepfercht in einem kleinen Einzimmer-Apartment. Wenn er sich mit seiner Freundin trifft, muß er das in der Wohnung seines Freundes Boris, dem Zirkusclown, tun. Die Lebensumstände sind also alles andere als komfortabel, und dennoch verschwendet Vladimir keinen Gedanken an eine Flucht. Er fühlt sich seiner Heimat, seinen Freunden und seiner Familie zu sehr verbunden, als daß er alleine einen neuen Anfang wagen würde. Ganz anders Boris. Der Clown hat sein tristes Dasein satt, er möchte frei sein, möchte einen Mercedes fahren und allen anderen Verlockungen des Kapitalismus erliegen. Boris hat sich fest vorgenommen, sich in New York abzusetzen.

Als Vladimir sich abends auf dem Nachhauseweg befindet, entdeckt er wieder einen Menschenauflauf vor einem Laden, und so kommt er doch noch zu seinem Toilettenpapier. Als er daheim die Rollen auspackt, führt die Familie einen Freudentanz auf. Wie lange ist es her, daß sie frisches Toilettenpapier bekommen haben? Einzig die Tochter versteht die Aufregung nicht: »Warum macht die ganze Familie so ein Theater um ein bißchen Toilettenpapier?« fragt sie verwundert. Opa weiß: »Essen und Scheißen ist das einzige menschliche Glück.« Die Ansprüche der Russen sind bescheiden. Was bleibt ihnen auch übrig, angesichts der zentral verordneten Mangelwirtschaft? Da es keinen Luxus und keine Dekadenz gibt, träumen sie von beidem. Zum Beispiel Svetlana, Vladimirs Freundin. Sie hätte gern ein paar Designer-Jeans von Jordache oder Calvin Klein. Vladimir verspricht, den Wunsch zu erfüllen, wenn er in Amerika ist. Am Tag vor seiner Abreise bekommt er Besuch vom KGB. Die Russen-Stasi unterstreicht noch einmal, wie wichtig es ihnen ist, daß alle auch wieder in die Heimat zurückkehren — ein kleiner Hinweis, was den Familien derer blüht, die die Reise zur Flucht benutzen, kann auch nicht schaden. Die Begegnung bereitet Vladimir keinen Kummer, er hat nicht die Absicht sich abzusetzen.

Dann sind sie endlich im Land der unbegrenzten Möglichkeiten. Kleben am Fenster des Reisebusses, der sie durch New York kutschiert und betrachten dieses fremde Treiben, die Straßenmusikanten, Punker, Rocker, Penner, dicke Autos, Neonreklame, schlicht: das Leben in Freiheit. Bei einem Empfang zu Ehren der russischen Gäste kommt es zu den ersten Mensch-zu-Mensch-Begegnungen. Der KGB ist überall dabei. Selbst als Boris und Vladimir zur Toilette gehen, schnüffeln ihnen die Gesinnungswächter hinterher. Aber die Sorgen der Spitzel sind unangebracht, bis zum letzten Tag passiert nichts. Selbst Boris, der sich schon während der Eröffnungsveranstaltung in die Büsche schlagen wollte, bleibt brav, und kurz vor dem Rückflug nach Moskau dürfte eigentlich nicht mehr viel passieren. Der Bus, der die Zirkuscrew zum Flughafen bringen soll, macht noch einen kurzen Zwischenstopp vor Bloomingdale's, einem der berühmtesten Kaufhäuser der Welt, um den Russen Gelegenheit zu geben, die Dekadenz des westlichen Kapitalismus in Augenschein zu nehmen.

Während die Russen durch den Luxustempel stürmen und sich an Reichtum und Überfluß nicht sattsehen können, beschließt Boris, seine Fluchtpläne aufzugeben. Stattdessen will Vladimir plötzlich überlaufen. Das Kaufhaus steht Kopf. Vladimir hetzt durch die Abteilungen, der KGB hinter ihm her, als der farbige Wachmann Lionel Witherspoon auftaucht, Vladimir unter seinen Schutz stellt und die Polizei herbeiruft. Der KGB-Agent ist verzweifelt, und als alle Einschüchterungsversuche nichts nützen, fleht er, bettelt er Vladimir an, mitzukommen. Doch dessen Entschluß steht fest: Er bleibt.

Endlich vereint – Vladimir und Lucia

New York — der Duft der großen weiten Welt. Doch kein Paradies, das stellt Vladimir schnell fest. Seine erste Unterkunft findet er in der Wohnung von Lionel. Der wohnt zusammen mit Familie, inklusive Großvater, in einem kleinen Appartment in Harlem. Die Witherspoons nehmen den Asylbewerber herzlich in ihrer Mitte auf. Daß sie etwas enger zusammenrücken müssen, stört sie nicht, und Vladimir ist die Enge aus der Heimat ja gewohnt. Schwieriger ist es, einen Job zu finden. Der Exil-Kubaner Orlando Ramirez, ein Rechtsanwalt, der sich vorwiegend um die Belange von Einwanderern kümmert, nimmt sich des Russen an und hilft ihm ganz uneigennützig bei seiner Eingliederung in die amerikanische Gesellschaft.

Vladimir freundet sich mit der Italo-Amerikanerin Lucia Lombardo an, einer Kosmetikverkäuferin, die er während seiner Flucht im Bloomingdale's kennenlernte. Die beiden treffen sich oft, gehen gemeinsam aus und werden schließlich zum Liebespaar.

Seinen ersten Kulturschock erlebt Vladimir, als er zum Einkaufen in einen Supermarkt geht. Irritiert fragt er einen Verkäufer, wo denn die Menschenschlange sei. Die aber gibt es in Amerika nicht, wie er erschreckt feststellt, und als er vor dem riesigen Angebot an Kaffeesorten steht, wird dem Russen plötzlich schwindlig... Er bricht zusammen und wacht erst im Krankenhaus wieder auf. Nachdem er sich gefangen und einigermaßen an die Auswüchse der freien Marktwirtschaft gewöhnt hat, sucht sich Vladimir einen Job als Tellerwäscher in einem Restaurant. Nebenbei verkauft er billige Andenken an die Touristen am Times Square, und danach lernt er die englische Sprache an der Abendschule. Im Laufe der Zeit entwickelt sich Vladimir zu einem echten Aufsteiger. Es dauert nicht lange und er genießt die Früchte freien Unternehmertums, indem er seine eigene Hot-Dog-Braterei eröffnet. Manchmal allerdings holt ihn die Vergangenheit doch wieder ein. Beispielsweise als ihm ein Mann, mit dem er ein kurzes Wort gewechselt hat, hinterherläuft. Vladimir schreckt zusammen: »FBI?« Der Mann lächelt: »Nein.« Vladimir gibt nicht auf: »KGB?« »Nein – schwul.« Erleichtert atmet Vladimir auf, das Angebot allerdings lehnt er dankend ab.

Trotz der vielen Menschen in New York fühlt sich Vladimir einsam und verlassen. Er sucht Kontakt zur russischen Gemeinde in New York. Darunter sind Maler, Bildhauer und Schriftsteller, die aus politischen Gründen ihrer Heimat den Rücken gekehrt haben. Wie Vladimir haben sie sich an das Leben in Amerika gewöhnt, aber eigentlich sind sie ebenso verzweifelt, daß sie alles zurücklassen mußten.

Doch das Leben geht weiter, nimmt keine Rücksicht auf die Erinnerungen, und Vladimir hält Schritt. Er verdient seinen Lebensunterhalt mit mehreren Jobs gleichzeitig. Sein Fleiß zahlt sich aus. Er kann sich ein eigenes Appartment leisten und hat auch genügend Geld, um sich ein Saxophon zu kaufen. Doch es gibt auch Rückschläge. Lucia trennt sich von ihm, ein schwerer

Schlag für Vladimir. Lionel versucht seinen Freund zu trösten und verschafft ihm beispielsweise einen musikalischen Auftritt in einem Jazz-Club. Doch gegen seine schwarzen Mitspieler wirkt Vladimirs Spiel farblos und zweitklassig. Das macht ihn noch deprimierter, und als er schließlich auch noch überfallen wird, sinkt sein Lebenswille auf den Tiefpunkt. Doch Russen sind zäh und geduldig. Wieder und wieder rappelt er sich auf. Das Leben in Freiheit ist eben kein Schlaraffenland. Das weiß auch Vladimir, und so erträgt er die Rückschläge des Lebens geduldig. Irgendwann wird sich alles zum Besseren wenden – und tatsächlich: Eines Tages steht plötzlich Lucia wieder in der Tür. Sie gesteht, daß sie ihn vermißt hat und gern bei ihm bleiben würde. Natürlich willigt er ein. Es geht wieder aufwärts. Schließlich findet er sogar eine Anstellung als Berufsmusiker. In Amerika ist alles möglich, schreibt Vladimir an seine Familie. Recht hat er, das Leben ist einfach wundervoll.

Am Ende des Films gibt es eine nette Pointe: Als Vladimir an einen Hot-Dog-Stand tritt, ist es ausgerechnet der KGB-Mann, der ihn an der Flucht hindern wollte, der ihm die heiße Wurst reicht. Erst erschrickt Vladimir, weil er wieder eine Intrige des gefürchteten Geheimdienstes vermutet, aber dann bedankt sich der ehemalige KGBler. Die Aussicht, den Rest des Lebens in der eisigen Einöde Sibiriens zu verbringen, hatte auch ihn flüchten lassen.

Als »Moskau in New York« in den USA gestartet war, schrieb Vladimir L. Simonov, New York-Korrespondent des sowjetischen Nachrichtendienstes APN, einen Artikel für die Moskauer Wochenzeitung Literaturnaya Gazetta, in dem er sich über die naive Auffassung der Amerikaner lustig machte, daß Angehörige der russischen Intelligenzia ihre Heimat wegen Calvin-Klein-Jeans verlassen. »Ich kenne Emigranten«, schrieb Simonov, »und deren wirkliche Schicksale. Ein Zahnarzt aus Minsk mit 15jähriger Berufserfahrung reinigt Toiletten in einem öffentlichen Pissoir. Ein Solist des Belorussischen Rundfunk-Orchesters verdient drei Dollar als Nachtwächter in einer Fabrik, und ein ehemaliger Schauspieler namens Savely Kramarov spielt eine entwürdigende Rolle in einem lächerlichen Film.« Der Film, über den Simonov schrieb, hieß »Moskau in New York« und Savely Kramarov mimte darin jenen Agenten des KGB, den Vladimir alias Robin Williams an einem Stand für heiße Würstchen wiederentdeckt.

Die Sowjet-Regierung war offensichtlich gar nicht begeistert von Mazurskys Film. Kein Wunder, denn besonders gut kam das kommunistische Regime in dem Werk wirklich nicht weg. Aber auch die amerikanischen Kritiker gingen mit dem Regisseur nicht gerade zartfühlend um. Das führende Branchenblatt der Filmindustrie, »Variety«, bemängelte vor allem den übertriebenen Patriotismus des Werkes und kam zu dem Schluß: »Der Film wäre nicht viel wert, wäre da nicht ein einfühlsamer Robin Williams in der Rolle des russischen Musikers.« Die deutschen Filmjournalisten kamen zu ähnlichen Urteilen. So schrieb beispielsweise Helga Tilton im epd Film: »Vladimirs Einübung in das kapitalistische System wird dem Zuschauer als Kette absurder Abenteuer, als Bündel bissiger Seitenhiebe auf die Überflußgesellschaft serviert. Diese gelungenen satirischen Seitenhiebe werden jedoch im Verlauf des Films immer wieder von patriotischen Einlagen, von penetranten Klischees flachgetreten.« Die Münchner TZ lobte vor allem die Hauptdarsteller: »Robin Williams und Maria Conchita Alonso spielen mit liebenswertem Humor und großen Emotionen.« Ebenso die Frankfurter Rundschau: »Mazurskys fataler Hang zur Harmonisierung, zum Ausgleich, zum Happy End, macht ihm seine so hoffnungsvoll beginnende Komödie schließlich halbwegs kaputt. Das ist jammerschade, nicht zuletzt der guten Schauspieler wegen.« Die Frankfurter Allgemeine: »Verzeihen wir Mazursky, daß er mehrere Anläufe nimmt, bis er ein akzeptables Ende für seine Geschichte findet. Die Schauspieler machen schließlich solches Verzeihen leicht – allen voran Robin Williams.« Bereits nach seinem vierten Film machte Robin Williams deutlich – die Kritiken bewiesen es – daß man kein besonders aufmerksamer Beobachter sein mußte, um zu erkennen, daß hier ein ganz großer Star am Hollywood-Himmel aufging.

Knapp daneben:
»Rocket Man« im »Club Paradise«

»Manchmal bin ich erstaunt und schockiert zugleich«, sagte Robin Williams einmal in einem Interview. »Manchmal fühle ich mich, als würde ich wieder ganz von vorne anfangen müssen, als hätte ich mir alles zerstört, was bisher erreicht wurde. Ich habe Angst vor diesen Phasen, und ich muß da durch. Ich kann aber nicht richtig damit umgehen. Dann versuche ich neue Sachen, will besser werden. Ich will nicht in der Mittelmäßigkeit versinken und in altes Verhalten, das ich längst abgeschüttelt habe, zurückfallen, ohne etwas Neues gefunden zu haben. Das ist eine Wahrheit meines Lebens — ich will nicht irgendwo klebenbleiben.«

Genau das aber passiert dem »Rocket Man« Jack Dundee im gleichnamigen Film, und es ist nicht leicht für ihn, wieder herauszukommen. Die Story:

Taft ist eine kleine Gemeinde rund 150 Kilometer von Los Angeles entfernt, schon immer im Schatten der Nachbarstadt Bakersfield und der Metropole L.A. Auch im Football-Sport wird Taft untergebuttert — Spiele gegen die Nachbarschaft enden meist im Desaster. Doch im Jahre 1972 hat die kleine Stadt die Chance, alles ins rechte Licht zu rücken, einmal im Rampenlicht zu stehen und das urbane Selbstvertrauen wiederzugewinnen. Denn das Football-Team der städtischen High School hat einen Supersportler, mit dem man endlich einmal weiterkommen kann.

Reno Hightower ist der Quarterback der Mannschaft, der sich im Spitzenspiel gegen den Erzrivalen Bakersfield mit ungeheurem Einsatz ins Zeug legt und tatsächlich seine Mannschaft dem Sieg nahe bringt. Doch da ist leider noch Jack Dundee, der in der letzten, alles entscheidenden Minute nach einem Traumpaß von Reno die Chance zum Sieg in Händen hält... und in genau diesem Moment versagt.

Während noch Reno von Gegnern überrannt wird und selbst nicht mehr sieht, was geschieht, entgleitet ihm der Ball, und der Moment des Triumphes wird zu einem Moment der Ernüchterung für die ganze Stadt.

13 Jahre später: Reno hat die Niederlage verschmerzt und sich als Besitzer einer halbwegs erfolgreichen Autowerkstatt durchgeschlagen. Er hat seine High-School-Freundin Gigi geheiratet und inzwischen einen zwölfjährigen Sohn, Teddy, der sich anschickt, in Papas sportliche Fußstapfen zu treten.

Für Jack sieht die Welt trostlos aus. Er ist Bankangestellter in seiner Stadt und fühlt sich immer noch schuldig für diese Niederlage. Jedes Jahr, wenn sich der Tag der Frustration wieder nähert, wird er unruhig und muß daran denken, was er der Stadt angetan hat. Dabei ist die Stadt noch gut zu ihm, sie hat längst vergeben, aber dennoch nie vergessen... Sein Frust wird zur obsessiven Qual, zumal sein Schwiegervater, Anhänger der »Erzfeinde«, sein Chef ist und immer wieder stichelt.

Da geschieht ein kleines Wunder: Darla, eine herzensgute Nutte, die Jack immer wieder aufsucht, schlägt vor, das Spiel einfach zu wiederholen, sozusagen, um die Dämonen der Vergangenheit endgültig zu vertreiben. Und so arrangiert er sich mit seinem Chef, und beide treiben die alten Teams wieder auf.

Es gelingt Jack, die Unterstützung der Stadt zu gewinnen, und alle früheren Team-Mitglieder — außer Reno, der seine eigene Legende nicht zerstören will — sagen zu. Jacks Frau, überzeugt, daß ihr Mann nun völlig durchgedreht ist, zieht aus. Ein »glücklicher« Umstand will es, daß Reno ein ähnliches Schicksal trifft, weil Gigi Sängerin in Los Angeles werden will. So kann Jack sich auch noch mit Reno einigen. Gemeinsam wollen sie das Spiel gewinnen und damit schließlich auch noch ihre Frauen wiederbekommen.

Das Spiel beginnt ganz anders, als die alten Herren von Taft ahnen. Sie spielen desolat, sind angegraut und haben Bauchansätze, wohingegen die Männer von Bakersfield einen frischen, immer noch guttrainierten Eindruck machen. Doch ein plötzlich einsetzender Regen verwirrt in der zweiten Halbzeit die Gegner, und so steht es wenige Sekunden vor Schluß des Spieles gleich — die Ge-

Kurt Russell und Robin Williams als verhinderte Footballstars

Jack trifft Elly – alte Gefühle melden sich wieder

schichte hat die Chance, sich zu wiederholen. Tatsächlich spielt Reno Jack einen Traumpaß zu, wird im gleichen Moment von den Gegnern überrannt und sieht nicht mehr, was mit dem Ball in Jacks Hand geschieht...

Die Kleinstadt Taft im Schatten von Bakersfield bei Los Angeles gibt es wirklich, auch den Streit der beiden Football-Teams — und genau dorthin verlegten Produzent Gordon Carroll und sein Filmteam die Dreharbeiten zu »Rocket Man« mit Robin Williams (Jack) und Kurt Russell (Reno). »Den Film dort zu drehen, hatte eine starke psychologische Komponente. Es ist wirklich eine realistische Geschichte daraus geworden«, sagt Carroll. Die Idee, Taft zu nehmen, stammt von Drehbuchautor Ron Shelton, der dort aufwuchs, und dessen Familie zum großen Teil noch heute dort lebt. »Ich kann mich noch so gut daran erinnern«, sagt Shelton, »all die Ölquellen, all die Träume, all der kleinbürgerliche Mief.« Sheltons Vater Rath wurde als Produktionschef am Drehort angeheuert — das sicherte der Filmcrew die Mitarbeit der ganzen Stadt an den Dreharbeiten zu. Es war eine Art Festival, denn fast alle machten mit, im Schnitt waren jeden Tag rund 400—500 Personen am Drehort, und für die Szenen im Stadion war ohnehin die ganze Stadt auf den Beinen. Das Wetter während der Dreharbeiten war schlecht, wie fast immer dort. Das Filmteam sah die Sonne zwei Mal in den fast drei Wochen vor Ort.

Für Williams war Taft der ideale Ort, um mit seinen vielen hundert Mitspielerinnen und Mitspielern Kontakt zu pflegen. Er und Kurt Russell verstanden sich prächtig mit den Bürgern, als hätten sie nie irgendwo anders gelebt. In den Drehpausen spielten sie mitten auf der Straße Football und eines Tages, als gerade wieder Dutzende von Zuschauern auf der Straße waren, warf Russell einen perfekten Paß auf Robin Williams, der den Ball, fast wie im Drehbuch, weiterbefördern wollte, aber wegtändelte. Die Übungsstunde wurde zugunsten von Autogrammjägern abgebrochen... und die beiden Stars gingen auf Wunsch eines tauben kleinen Jungen zu dem frischen Zement an einer Baustelle, um ihre Fuß- und Handabdrücke zu verewigen. Seitdem hat auch Taft, wie Hollywood, seinen »Walk of Fame« — die Abdrücke sind heute noch zu besichtigen. Die Stars erhielten im übrigen Football-Unterricht von einem Vollprofi — wobei Russell nicht darauf angewiesen war, denn er war selbst früher Football-Spieler. Williams mußte nicht unbedingt gut aussehen als Footballer — er durfte den Ball ja meistens verlieren.

»Überhaupt, dieser Sport-Film ist nur eine Variante des uralten Themas von jemandem, der einen Fehler begeht und die Folgen dieses Fehlers Jahre später wieder gutmachen will«, sagt Produzent Carroll.

»So etwas hat doch jeder in seiner Vergangenheit«, ergänzt Ron Shelton, »etwas, das man loswerden will. Jack Dundee ist ein Jedermann, jeder von uns macht mal Mist, den er dann ewig lange bereut.«

Robin Williams erhielt die Rolle des Jack, weil ihn die Filmemacher für die Idealbesetzung hielten. »Er hat eine unglaubliche Energie entwickelt für den Part«, sagte Carroll. »Wir hatten keinen anderen im Sinn, als wir die Rolle vergaben. Er hat eine bemerkenswerte physische Kontrolle, genau was hier gefragt war. Kurt Russell kam von selbst zu dem Projekt, denn er kannte Shelton. Er wollte aber, daß aus dem Film mehr oder weniger ein Zwei-Personen-Stück werden sollte. Williams wurde dazu befragt, er war einverstanden — also wurde Russell engagiert.« Regie führte Roger Spottiswoode, dessen bester Film bis heute der ebenfalls von Ron Shelton geschriebene Latein-Amerika-Thriller »Under Fire« ist.

Robin Williams hatte viel Spaß bei den Dreharbeiten, denn außer sich im Football zu üben, unterhielt er die Menschen in Taft unentwegt mit seinen Späßen. »Das war ein ganz anderes Publikum, als die, die in einen Comedy-Store gehen, um mich oder einen anderen Komiker zu hören«, erzählt er. »Das war Arbeit an der Basis«.

Der Film wurde ein mehr oder weniger großes Desaster für alle Beteiligten — außer für Robin Williams. Die Kritik fand die Bürger der Stadt zu blaß und konturlos, die Story zu schulmeisterlich angelegt und das Ende zu vorhersehbar. Doch — so das Branchenblatt »Variety«: »Glücklicherweise hatten sie Robin Williams, der dem Film Leben eingehaucht hat. Seine physische Präsenz ist hervorragend. Seine Rolle ist ein bißchen weinerlich verrückt, aber wenn er loslegt, ist er unschlag-

Mit Twiggy in ›Club Paradise‹

bar.« Andere Stimmen klangen ähnlich. Williams' Leistung allein konnte den Film aber nicht retten, und so versank »Rocket Man« (Originaltitel: »Best of Times«) relativ schnell in der Versenkung.

Auch »Club Paradise«, Williams' nächster großer Kinofilm, wurde nicht eben ein Mega-Hit. Dabei waren die Bedingungen nicht schlecht, denn die Mitstreiter waren allesamt Spitzenleute: Harold Ramis, der »Ghostbuster« mit der Brille, schrieb das Drehbuch, der große Peter O'Toole spielte eine wichtige Rolle, und eine Reihe von hervorragenden Komikern der Truppen von »Saturday Night Live« und »Second City« waren an dem Spaß beteiligt (Rick Moranis, Adolph Cesar, Eugene Levy, Andrea Martin, Bryan Doyle Murray). Doch auch hier zunächst die Story des von der Produktion als »Ferienfilm des Sommers« angekündigten Werks:

Jack Moniker (Williams) ist ein Ex-Feuerwehrmann aus Chicago, der immer nur die Leiter des Feuerwehrautos bedienen durfte und von den Fehlalarmen die Schnauze voll hat. Total ausgebrannt, fährt er nach St. Nicholas, einer kleinen, aber bildhübschen Insel, auf der er es im Geschäft mit dem Tourismus zu etwas bringen will. Er investiert seine letzte Habe in die Renovierung einer heruntergekommenen Tanzbar, deren Star-Musiker Ernest Reed (Jimmy Cliff) sein Partner wird. Reed ist ein Reggae-Sänger, der für alberne Ferien-Hits wenig übrig hat, sie aber dennoch singt. Der Insel-Gouverneur (O'Toole) und die junge hübsche Phillipa (Twiggy) unterstützen die

Pläne der Jungunternehmer, die ihre Kaschemme großspurig »Club Paradise« nennen. Zuerst muß der gröbste Dreck beseitigt werden, damit überhaupt jemand kommt. Man arbeitet fierberhaft, aber da sind noch der fiese Insel-Premier und sein Berater — selbst im Besitz des Konkurrenz-Hotels —, die die ganze Insel an ausländische Interessenten verkaufen wollen, wenn sie Moniker und Co. herausgeekelt haben. Doch Monikers witziger Club erweiset sich zur Überraschung aller als Hit.

Für typische Aufreißer, für die dazugehörigen Mädels, das frustrierte Ehepaar auf der Suche nach Urlaubsbekanntschaften und die zynische Reisejournalistin, die sich auf ausgefallene Reiseziele spezialisiert hat. Der Komfort im Club Paradise ist minimal, die einzige Warmwasserleitung scheint nur zu den Betreibern zu führen, und auch sonst ist einiges im argen. Doch die Gäste wollen sich ihren teuren Urlaub nicht verderben und spielen mit — ordentliche Rum-Drinks betäuben ohnehin ihre Sinne. So perfekt verkaufen Moniker und Reed die kleinen Mängel, daß alle sich wohl fühlen und es praktisch zu jeder gewünschten freundschaftlichen Vereinigung kommen kann. Jeder kriegt jeden, und alle haben ihren Spaß — zum großen Verdruß der Konkurrenz, die jetzt bemüht ist, dem fröhlichen Treiben (im Wortsinne) beizukommen. Der Minister und sein Scherge bieten Truppen auf, der Gouverneur rekrutiert die Opposition. Und so kommen die Urlauber zu einem in wirklich jeder Beziehung einmaligen Erlebnis, denn wer kann schon in den Ferien in ei-

Williams mit Regisseur Harold Ramis

Drei Männer und ein Club: Reggae-Superstar Jimmy Cliff, Robin Williams und Peter O'Toole

nen richtigen Krieg ziehen? Andererseits ist von vornherein klar, daß die Guten gewinnen, und so wird der »Club Paradise« zum großen Hit.

»Ich bin nicht interessiert an Filmen über Verlierer-Typen«, sagte Regisseur Harold Ramis, der als »Ghostbuster« selbst zu den großen Gewinnern zählt. »Ich liebe Figuren, die geradlinig an eine Sache herangehen und die Situation fest im Griff haben.« Das ist der Fall bei Jack Moniker alias Robin Williams – er hat's im Griff.

Peter O'Toole, der ehemalige »Lawrence von Arabien«, über seinen Filmpartner Robin Williams: »Mit ihm zusammenzuarbeiten, war wundervoll. Wir haben ein paar Szenen nach dem Drehbuch gedreht und dann die Regeln geändert. Improvisation mag meiner Schauspielschule fremd gewesen sein, mir aber nicht«. So kommt es, daß die Dialoge zwischen O'Toole und Williams in der Tat das Beste am ganzen Film sind – frei improvisiert und lustig. Williams selbst gab das Kompliment höflich zurück.

Der Film sollte nichts anderes werden als eine unbeschwerte Urlaubs-Komödie, aber er geriet dem Regisseur ein wenig zu unbeschwert. »Stumpfsinnig«, schrieben viele Zeitungen, »nur ein bißchen Situationskomik ist zu gebrauchen«. Andere und »Variety«: »Genug gute Gags für eine Stunde ›Saturday Night Live‹ oder ›Second City‹-Späße, aber für einen 104-Minuten-Film? Mancher Anspruch, ein wenig ernsthafte Satire einzuführen, ging im Ansatz kaputt«.

Die »Los Angeles Times« schrieb: »Es kann gut

sein, daß Robin Williams der witzigste Mann Amerikas ist — aber bei diesem Film merkt man es nicht so recht. Er spielt gut, aber in der langweiligen Geschichte geht er völlig unter.« Der Werbetext für den Film lautete: »Die Ferien, die Sie nie vergessen — gleichgültig, wie sehr Sie sich bemühen«. Die »L.A.Times« dazu: »Es wird wohl stimmen. Glück gehabt. Bei dem, was man nicht gesehen hat, muß man sich nicht ums Vergessen bemühen.«

Im wesentlichen werden Ramis und seine Filmtruppe wohl ein paar Wochen Ferien auf Jamaika gemacht haben, wo »Club Paradise« entstand. Denn es ist ein offenes Geheimnis, daß die Produzenten eng mit dem jamaikanischen Fremdenverkehrsamt zusammengearbeitet haben. Robin Williams hat diesen Film wohl noch ein wenig schneller abgehakt als manchen anderen — in keinem seiner großen Presse-Interviews ist die Rede davon. Wurde er am Ende von niemandem dazu befragt? »Alle meine Filme haben irgendetwas Gutes«, sagte er einem Interviewer Ende 1991, »ausgenommen vielleicht ›Club Paradise‹. Das war ein verlorenes Ding. Wenn ich ehrlich bin, kann ich erzählen, daß dieses Ding schon verloren war, als wir es gedreht haben.« Keine weiteren Kommentare.

Der erste Oscarverdacht:
»Good Morning, Vietnam«

Saigon 1965. Es ist heiß. Lakonisch resümiert Adrian Cronauer bei seiner Ankunft: »Warm? Es ist nicht warm! Das ist die Grillstufe für T-Bone-Steaks!« Robin Williams ist dieser Adrian Cronauer, der DJ, der via Radio die amerikanischen GIs in der südvietnamesischen Hauptstadt unterhalten soll. Regisseur Barry Levinson (»Rain Man«) erzählt die wahren Erlebnisse eines in den Vereinigten Staaten bekannten Discjockeys, der die sehr populäre Rock'n'Roll-Radio-Show »Good Morning, Vietnam« moderierte. Allerdings, so schränkt Robin Williams ein, wurde der Originalcharakter vollkommen verändert: »Das war nötig, da wir einen Film mit komischen Elementen machen wollten. Cronauer war ein zurückhaltender, neurotischer und geradliniger Typ. Eigentlich ist nur noch der Name geblieben.«

»Good Morning, Vietnam« spielt, wie der Titel schon vermuten läßt, in Vietnam, dem Land, das Amerika seine erste Niederlage in einem militärischen Konflikt beibrachte und an seinem Selbstbewußtsein kratzte. In Filmen wie »Apokalypse Now«, »Platoon« und »Die Verdammten des Krieges«, aber auch der »Rambo«-Trilogie, versuchte

Adrian Cronauer und sein Kumpel Garlick auf Spritztour in Saigon
»Gooood Moooorning Viiiietnammm« – Cronauer mischt die Truppe auf

Hollywood, das Trauma zu verarbeiten und die Folgen abzuschwächen. Man versuchte, aus dem Verlust des Krieges doch noch einen Sieg zu fabrizieren. Levinsons Werk gehört eindeutig nicht in diese Kategorie. Er wollte auch keinen Film über den Krieg drehen: »Es war nicht unsere Absicht, die Geschichte umzuschreiben. Es ist nicht irgendein Vietnam-Film, in dem der Held am Ende begriffen hat, daß es keinen Sinn macht, in diesem Land zu sein. Cronauer hat es nicht begriffen, aber am Schluß des Films weiß er, daß irgendetwas falsch läuft.«

Saigon 1965. Der Krieg hat noch nicht begonnen. Die amerikanischen Militärs, die dort stationiert sind, verstehen sich auch nicht als Streitkräfte, sondern vielmehr als Polizeitruppe, als Schutzmacht, die Südvietnam vor der kommunistischen Expansionspolitik Nordvietnams schützen soll. Doch die Unterschiede zu den darauffolgenden kriegerischen Zeiten sind nur marginal. Noch belfern keine Maschienengewehre, noch donnern keine Artilleriegeschütze, noch hat das Abschlachten nicht begonnen. Aber schon führen sich die Beschützer auf wie Besatzer. Sie fühlen sich als die eigentlichen Herren im Land. Vietnamesen sind Kanaken. Der Wahnsinn hat Methode.

Das Flugzeug bringt Adrian Cronauer aus Kreta nach Saigon. Der Airman, der seinen Dienst beim Rundfunk der Streitkräfte versieht, wurde von General Taylor höchstpersönlich angefordert. Taylor: »Dieser Kerl ist komisch. Ich habe seine Sendung auf Kreta gehört und mir die Eingeweide aus dem

Robin Williams mit Shelly Duval in *Popeye, der Seemann*

Oben: Popeye, Olivia und ihr Baby — fleischgewordene Cartoonfiguren.
Unten: *Club Paradise*. Rechts: Williams als *Rocket Man*

Links und unten:
Williams als Russe
Vladimir in *Moskau
in New York.*

Rechte Seite:
Als Waffennarr in
Die Überlebenskünstler

Ein Lehrer, wie ihn sich jeder wünscht: Robin Williams als John Keating in *Club der toten Dichter*

Oben: *Good Morning Vietnam* — Robin Williams mischt als Diskjockey Adrian Cronauer die Truppe auf.
Unten: Großes Einfühlungsvermögen bewies Williams in *Zeit des Erwachens*

Rechts: *Cadillac Man* — Würden Sie von diesem Mann einen Gebrauchtwagen kaufen? Unten: Als Peter Pan in *Hook*

Leib gelacht.« Sergeant Major Dickerson, der Leiter von Radio Saigon, ist allerdings von dem Neuen alles andere als begeistert. Cronauer legt nämlich wenig Wert auf militärische Formen. Zwar trägt er ein Barret, aber ansonsten bevorzugt er Kleidung, die ihn nicht als Soldat zu erkennen gibt. »Das ist keine Militärkleidung, Airman,« mosert Dickerson. »Was für eine Uniform ist das?« Respekt scheint ein Wort, das in Cronauers Sprachsatz nicht vorkommt: »Kreta-Tarnbekleidung. Wenn Sie in einer Gruppe besoffener Griechen untertauchen wollen, gibt's nicht Besseres.« Mit solchen Sprüchen läßt sich das Herz von Sergeant Dickerson natürlich nicht erobern, und so deutet sich schon bei der ersten Begegnung an, daß die Beziehung zwischen Cronauer und seinem Vorgesetzten alles andere als spannungsfrei verlaufen wird.

Aber nicht nur Dickerson liegt Cronauer schwer im Magen. Da gibt es noch Leutnant Steven Hauk, den Programmchef des Senders. Hauk ist für die Musikauswahl zuständig und setzt den Hörern bevorzugt das seichte Gedudel von Percy Faith oder Mantovani vor. Cronauers Kommentar dazu: »Mantovani spielen sie im Irrenhaus, um die einzuschläfern, die nicht mehr auf harte Drogen reagieren.«

Kein Wunder also, daß Cronauer nach der ersten Sendung in echte Schwierigkeiten gerät. Sechs Uhr morgens. »Goooood Moooorning Viiiiietnammm. Hey, das ist kein Testprogramm. Das ist Rock & Roll!« Cronauers durchdringendes Or-

Durch die Einheimische Trinh entwickelt Adrian ein tieferes Verständnis für die Vietnamesen. Doch Trinhs jüngerer Bruder Tuan (unten) wird ihm zum Verhängnis

gan wirft selbst den müdesten GI aus den Federn. Und Leutnant Hauk kann nicht fassen, was er da über den Äther zu hören bekommt. »Good Morning, Vietnam — was, zum Teufel, will er damit sagen?« Auch seine Ordonanz scheint ratlos: »Keine Ahnung Sir, vielleicht Good Morning, Vietnam.« Hauk ist aus dem Häuschen: »Wer hat ihm die Erlaubnis gegeben, moderne Musik zu spielen?«

Bei den Soldaten hingegen kommt Cronauer hervorragend an. Während die Offiziere verzweifeln, »dieses Gejaule entspricht nicht unseren Programmvorstellungen«, zeigt sich die Truppe begeistert. Dabei ist es nicht nur die Musikauswahl, die ihn zum meistgehörten Radiomoderator macht, noch mehr fahren die Boys auf seine Sprüche ab. Cronauers verbale Feuerwerke zünden: »Hey, Mann, wie ist das Wetter da draußen? Es ist heiß, verdammt heiß, echt heiß. Am heißesten in meinen Unterhosen. Ich könnte was darin kochen — Eierkuchen! Ach ja, was für ein Gefühl ist das? Blödmann, es ist heiß, hab ich doch schon gesagt. Wo bist du geboren? Auf der Sonne? Wie meinen Sie, daß es heute Abend werden wird? Es wird heiß und feucht! Das ist zwar toll, wenn du bei einer Frau bist, aber verdammte Scheiße, wenn du im Dschungel steckst.«

Programmchef Hauk flippt völlig aus. In einer eilig einberufenen Konferenz mit allen Moderatoren will er Cronauer zurechtstutzen: »Erstens, reißen Sie keine Witze über das Wetter. Erzählen Sie nicht, daß es immer gleich ist, das ist es nämlich nicht! Es war gestern 0,8 Grad kühler als heute.

Zweitens möchte ich Sie bitten, musikalisch Korrektes zu spielen und nicht dieses wilde Gewinsel.« Der Schuß geht freilich nach hinten los. Hauk erntet lediglich Gelächter. Cronauer hat wenig zu befürchten, sein Erfolg beim Publikum beschert ihm Narrenfreiheit.

In der Folgezeit versucht sich Cronauer dem Leben in Vietnam anzupassen. Viele Möglichkeiten, die Freizeit sinnvoll zu gestalten, gibt es allerdings nicht. Die meiste Zeit verbringen die Amerikaner in der Bar eines schwulen Vietnamesen, der, wie er selbst sagt, formaldehydverseuchtes Bier ausschenkt und Nacktfotos von Anthony Quinn sammelt. Das billige Amüsement, das die Trinkhalle den Soldaten bietet, füllt Cronauer natürlich ganz und gar nicht aus. Ihm steht der Sinn nach Liebe. In Griechenland hatte er schon auf weibliche Begleitung verzichten müssen: »Auf Kreta sehen alle Frauen wie Sorbas aus.« In Vietnam soll das anders werden, und tatsächlich trifft er eine junge Einheimische namens Trinh, für die er sich erwärmt.

Doch die junge Dame kann sich für den Radiosprecher anfangs nicht begeistern. Seine erste Einladung auf einen Tee lehnt sie rundweg ab. Von diesem Korb läßt sich Cronauer freilich nicht abschrecken. Er folgt dem Objekt seiner Begierde, das sich, zusammen mit anderen Landsleuten, von einem amerikanischen Soldaten in der englischen Sprache unterrichten läßt. Cronauer, nicht faul, besticht den Lehrer und übernimmt die Klasse, nur um Trinh näher kennenzulernen. Der

Plan funktioniert nicht ganz. Stattdessen freundet er sich mit ihrem Bruder Tuan an. Nicht ganz uneigennützig, denn durch seine Mithilfe hofft er, doch noch ans Ziel zu kommen.

Der DJ zerstreut das Mißtrauen seines neuen vietnamesischen Freundes, indem er ihn zum Essen und auf ein Bier in seine Stammkneipe einlädt. Eine verhängnisvolle Entscheidung, denn einigen GIs scheint es nicht zu behagen, mit Einheimischen das Lokal zu teilen: »Hey, wer hat den verdammten Kanaken reingelassen?« Cronauer versucht es mit guten Worten: »Kommt schon, ich kauf euch ein paar Bier, und wir machen Frieden.« Dumme Menschen verfügen bedauerlicherweise meist auch über großes Selbstbewußtsein. Hier ist das nicht anders. Die Rassisten fühlen sich stark und lehnen den Vorschlag ab, natürlich nicht, ohne Tuan mit einem kräftigen Schubs auf die Erde zu befördern. Cronauer, die Gutmütigkeit in Person, verliert die Nerven, aber nicht seinen Humor. Er schiebt sich vor einen seiner Kontrahenten und lächelt: »Weißt du, ich bin in der ganzen Welt herumgekommen, habe viele Städte und Menschen kennengelernt. Aber auf allen meinen Reisen habe ich noch keinen Mann kennengelernt, der so groß ist wie du, der so muskelbepackt ist wie du und der absolut keinen Schwanz hat.« Die anschließende Schlägerei endet für Cronauer mit einem blauen Auge und einem Anschiß von Sergeant Major Dickerson.

Aber selbst während der Standpauke durch

seinen Vorgesetzten verliert Cronauer seinen Humor nicht. Als der Unteroffizier wieder einmal darauf hinweist, daß er die Anrede »Sir« für vollkommen unangebracht hält, auf die Streifen an seiner Uniform deutet und fragt: »Was heißen drei oben, drei unten für Sie, Airman?« antwortet der Übeltäter: »Kleiner Gruppensex.«

Während im Dienst nicht immer alles perfekt läuft, nimmt Cronauers Privatleben eine positive Wendung. Tuan arrangiert ein Rendevouz mit seiner Schwester. Einen kleinen Haken hat die Sache aber doch: Trinh kommt nämlich nicht alleine zum Treffpunkt, sie hat ihre ganze Familie im Schlepptau. Eine Großfamilie versteht sich. Um mit dem Anhang ins Kino zu kommen, muß Cronauer zwölf Karten lösen.

Der nächste Faux pas des Airman läßt nicht lange auf sich warten. Richard Nixon, der spätere Präsident der Vereinigten Staaten, war nach Saigon gekommen, um sich selbst einen Eindruck von der Situation im südostasiatischen Raum zu verschaffen. Ein Interview mit ihm ist fix und fertitg auf Band gespeichert und soll von Cronauer nur noch eingespielt werden. Aber er läßt es sich nicht nehmen, die Fragen des Kollegen durch eigene zu ersetzen, die dann lauten: »Sir, wie würden Sie ihre Hoden beschreiben?« Antwort: »Sie sind mutlos, schlapp und erfüllen nicht den geringsten Zweck. Es fehlt ihnen an Übung und Schußkraft.« Frage: »Wie würden Sie Ihr Sexualleben mit Ihrer Frau Pat beschreiben?« Nixon: »Nun, das ist manchmal gar nicht aufregend.«

Programmchef Hauk unterbricht die Sendung und rennt zum General, um sich über Cronauer zu beschweren. General Taylor allerdings erweist sich als großer Fan des Moderators und läßt Hauk eiskalt abblitzen. Doch Hauk und Dickerson haben sich geschworen, sich die Subordination ihres Untergebenen nicht länger gefallen zu lassen. Gemeinsam schmieden sie einen Plan, wie sie Cronauer abschieben können.

Das Problem erledigt sich für die beiden Militärs fast von selbst. Cronauer sitzt wieder einmal in seiner Stammkneipe und nippt an einem Glas Formaldehyd, als sein Freund Tuan auftaucht und ihm hektisch mitteilt, daß Trinh ihn sofort sehen will. Cronauer hält es natürlich keine Sekunde länger. Kaum, daß er das Lokal verlassen hat, fliegt der Bau auch schon in die Luft. Bombenleger des Vietcong hatten den Treffpunkt der Amerikaner vermint und hochgejagt. Jimmy Wah, der schwule Besitzer, kommt mit dem Schrecken davon, zwei Amerikaner sterben, drei werden schwer verwundet. Offiziell darf niemand etwas von diesem Vorfall erfahren, Cronauer schickt die Meldung dennoch über den Äther und gräbt damit sein eigenes Grab. Selbst General Taylor kann ihn jetzt nicht mehr schützen. Dieser Verstoß gegen die Richtlinien des Militärfunks führt schließlich zur Suspendierung von Cronauer.

Während sich der Airman auf seinen Abschied von Vietnam vorbereitet, übernimmt Leutnant Hauk seine Sendung. Der Versuch des Programmchefs, eine witzige Sendung zu fabrizieren, scheitert kläglich. Bereits nach den ersten Worten des Offiziers fragt ihn sein Techniker verzweifelt: »Sie wollen doch nicht auf Sendung bleiben, oder Sir?« Die Resonanz der Hörer fällt ebenso vernichtend aus. Säckeweise erreichen Briefe die Rundfunkstation, in denen die Soldaten ihren Cronauer zurückverlangen. An Hauk lassen die GIs kein gutes Haar. Ein eher schmeichelnder Kommentar zu seinen Sendungen lautet: »Hey, Hauk, friß einen Beutel Scheiße. Du stinkst.« General Taylor zieht die Konsequenzen und feuert Hauk: »Die Männer wollen Cronauer wiederhaben, und ich will ihn wiederhaben. Setzen Sie ihn wieder ein, kapiert?«

Doch Adrian hat die Nase voll und weigert sich, wieder auf Sendung zu gehen. Redaktionsassistent Everest Garlick versucht, den DJ zu überreden. Es dauert, aber er hat Erfolg: Er konfrontiert den Radiostar livehaftig mit seinen Fans. Die Begeisterung, die Cronauer unter seinen Zuhörern auslöst, überzeugt ihn, daß es richtig ist weiterzumachen. Er erkennt, daß er den Männern, auf die das Grauen der Front wartet, etwas Abwechslung vom täglichen Sterben bieten kann.

Unterdessen schmieden Dickerson und Hauk weiter an ihren Intrigen. Noch immer wollen sie den unbequemen Moderator loswerden, und dazu ist ihnen jedes Mittel recht. Sergeant Dickerson schreckt nicht einmal davor zurück, Cronauer in einen tödlichen Hinterhalt zu locken. Es geht darum, GIs an der Front zu interviewen. Dickerson schickt seinen Moderator los, obwohl er weiß, daß die einzige Straße von den Vietcongs kontrolliert wird. Ahnungslos steigen Adrian und Garlick in den Jeep und machen sich auf den Weg. Es kommt, wie es kommen muß. Die beiden Radiomänner laufen in die Falle, fahren auf eine Mine und landen leicht verletzt im Straßengraben. Bevor die Vietcong auftauchen, kann sich das Duo im Dschungel verstecken. Garlick und Cronauer gelten seit Stunden als vermißt, als Tuan Verdacht schöpft. Von einem Soldaten erfährt der Vietnamese, welchen Weg sein amerikanischer Freund eingeschlagen hat. Er fährt ihm nach und sammelt ihn tatsächlich wieder auf. Dickersons Plan ist wieder einmal fehlgeschlagen.

Am Ende siegt der Sergeant dann doch, denn Tuan entpuppt sich als Agent des Vietcong. Dickerson droht Cronauer mit einer Anklage wegen Hochverrats, wenn er nicht den Dienst in der Armee quittiert. Adrian bleibt keine Wahl: er kapituliert. Allerdings nicht, ohne sich von dem Sergeant entsprechend zu verabschieden: »Wissen Sie, es hat noch nie einen Mann gegeben, der es so dringend nötig hatte, einen geblasen zu bekommen, wie Sie.«

»Good Morning, Vietnam« ist eigentlich kein Kriegsfilm. Der Vietnam-Krieg dient lediglich als Hintergrund für die Geschichte des Adrian Cronauer. Regisseur Levinson zeigt auch keine einzige Schlachtszene. 1965, der Zeitpunkt, an dem der Film spielt, nimmt der Konflikt auch erst seinen Anfang. Als Cronauer in Saigon ankommt, sind nur 50.000 Soldaten — alles reguläre Truppen — unter Waffen. Als er das Land sechs Monate

Am Ende droht Cronauer eine Anklage wegen Hochverrats

später verläßt, befinden sich bereits 190.000 amerikanische GIs in Vietnam. Viele davon gehören zu Spezialeinheiten, die besonders auf den Dschungelkampf gedrillt wurden.

Die dramatischen Ereignisse in Saigon entsprechen kaum dem geeigneten Hintergrund für eine Komödie, doch Regisseur Levinson sieht das nicht so eng: »Es ist nicht notwendig, daß die Situation komisch ist, die Hauptsache ist, daß das, was die Charaktere in dieser Situation tun und sagen, Lacher erzeugt. Den Humor in ›Good Morning, Vietnam‹ erzeugt einzig und allein Robin Williams.« Dabei konnte er sich vor den Dreharbeiten eigentlich gar nicht sicher sein, daß Robin der richtiger Mann für diese Rolle war. Levinson kannte den Mimen vorher nicht. Als sie sich dann zum ersten Mal trafen, fühlten beide, daß sie gut zusammenarbeiten könnten. »Mir war von vornherein klar,« erklärt Produzent Mark Johnson, »daß dies die perfekte Rolle für Robin war. Kein anderer Schauspieler arbeitet mit solcher Intensität, Zähigkeit und Geschwindigkeit an einem Charakter wie Robin Williams. Wenn er sich beispielsweise ans Mikrofon setzte, um als Cronauer die Sendung zu moderieren, ließen wir nur die Kamera laufen. Er konnte tun und lassen, was er wollte und schaffte es, sich für jede Einstellung etwas Neues auszudenken.«

Mit dem echten Adrian Cronauer hat das Porträt von Robin Williams allerdings wenig zu tun. Cronauer war kein Komödiant und nicht annähernd so witzig, wie Williams ihn darstellt. Deshalb erzählt »Good Morning, Vietnam« auch nicht, wie es wirklich war. Der Film ist das Produkt, wie es der Co-Produzent und ehemalige Armee-DJ Ben Moses von »Wishful Thinking« nennt: »So wie der Film die Situation schildert, hätten wir es damals gern gehabt.« Der echte Cronauer fiel nicht durch seinen Witz, sondern dadurch auf, daß er sich wenig um die Zensur kümmerte. Er verlas Meldungen, die vom Verteidigungsministerium nicht freigegeben waren. Außerdem zeichnete er sich dadurch aus, daß er sich wenig um die Vorschriften des Senders kümmerte. Während der Programmleiter – genau wie im Film – Polkas und andere weltfremde Musik auflegen ließ, sendete der echte Cronauer vor allem Schlager aus den amerikanischen Hitparaden und eroberte so die Herzen seiner Hörer.

Robin Williams betrachtete »Good Morning, Vietnam« als eine große Herausforderung. Die Rolle erforderte sowohl einen Schauspieler für komische Rollen als auch Improvisationstalent. »Eigentlich betrachte ich mich ja als beides. Komödiant und Schauspieler. Deswegen gerate ich auch immer zwischen die Fronten. In ›Good Morning, Vietnam‹ hatte ich besonders damit zu kämpfen, denn in fast jeder Szene habe ich nach etwas Komischen gesucht – der Komödiant bekämpfte den Schauspieler. Regisseur Levinson hat mir da sehr geholfen, indem er sagte: ›Sei einfach nur du selbst und unterwirf dich nicht diesem Druck.‹ Es klappte hervorragend.« Die Arbeit mit Levinson war für Williams noch aus einem anderen Grund eine besondere Erfahrung: »Barry hat die Fähigkeit, den Dingen ihren Lauf zu lassen. Er kommt eben vom komödiantischen Fach, hat in Comedy-Gruppen gearbeitet und in Comedy-Shows mitgewirkt. Er weiß, wie schwierig es ist, komisch zu sein. Er hat mir glücklicherweise sehr viel Freiraum und — besonders bei den Szenen am Mikrofon — viele Möglichkeiten zum Improvisieren gelassen. Manchmal hat er sogar gefilmt, ohne mir etwas zu sagen, kein Wort wie ›Rolling‹ oder ›Action‹, die Kamera war längst im Einsatz.«

Mit »Garp und wie er die Welt sah« gelang Robin Williams der Durchbruch als Schauspieler. An der Kinokasse entpuppte sich die Verfilmung von John Irving als Flop, doch der Hauptdarsteller erregte in der Filmmetropole Hollywood erstmals größere Aufmerksamkeit. Mit »Good Morning, Vietnam« entwickelte sich Williams plötzlich auch zum Box-Office-Schlager. »Ich habe törichte Rollenangebote bekommen, wollte verschiedene Dinge ausprobieren, weil ich kein klares Ziel vor Augen hatte. Ich war so arrogant zu glauben, daß ich durch meine Darstellung schwache Drehbücher auffangen könnte. Das war ein Trugschluß.«

Die Entscheidung, die Rolle überhaupt anzunehmen, fällte Robin, nachdem er das Drehbuch gelesen hatte. »Ich war begeistert von dem Skript, das die Vietnamesen mehr als Menschen und weniger als Feinde beschrieb. Da gibt es Familien mit allen ihren Wünschen und Träumen, die zusammen lachen und weinen, so wie alle Menschen.« Aber auch persönliche Gründe waren es, die Williams das Angebot annehmen ließen:»Am Anfang des Films erlebt Cronauer einen Kulturschock. Gerade noch befindet er sich auf Kreta, wo alle Frauen wie Sorbas aussehen, und dann, im nächsten Augenblick, ist er mitten in der heißen Hölle von Südostasien, umgeben von Militärs. Ich glaube, daß von allen Rollen, die ich bislang gespielt habe, die Rolle des Cronauer meinem eigenem Charakter am nächsten kommt.«

Während der Dreharbeiten, die in Bangkok, Thailand, stattfanden, nutzte Robin Williams jede Gelegenheit, sich mit der Landessprache vertraut zu machen. »Ich lernte, wie man ein Taxi und das Mittagessen bestellt. Aber häufig hatte ich große Schwierigkeiten. Die Sprache ist sehr schwierig, und manchmal kann das gleiche Wort sowohl Brot als auch Wasserbüffel bedeuten. Es war wirklich großartig, diesen Film in Thailand zu drehen. Alle waren ungeheuer freundlich zu uns. Wir wurden in jeder Beziehung hervorragend unterstützt.«

Unterstützung erfuhr das Filmteam aber auch von der Produktionsfirma Disney, die sich entschloß, Regisseur Levinson mit dem Projekt zu betrauen. Ursprünglich wollten die Paramount-Studios »Good Morning, Vietnam« herausbringen, doch daraus wurde nichts. Robin Williams erklärt das so: »Die wollten so etwas wie ›Ich glaub', mich tritt ein Pferd‹ in Vietnam machen, bloß nichts, was irgendwie heavy ist. Disney dagegen war mit unserer Version einverstanden.« Richard Frank, der Studio-Präsident von Disney, war anfangs aber nicht sicher, daß der Film tatsächlich ein Erfolg werden könnte: »Für mich war es eine riskante Entscheidung.« Doch Jeffrey Katzenberg, der Disney-Chairman und damit oberster Entscheidungsträger, gab höchstpersönlich grünes Licht. Er entschied, daß die Zeit nun reif sei für eine Vietnam-Komödie. Eine nicht ganz unwesentliche Rolle spielte dabei, daß Katzenberg bereits damals ein Fan sowohl von Robin Williams als auch von Barry Levinson war und das Gefühl hatte, daß die beiden ein gutes Team ergeben würden. Nachdem das Personalproblem gelöst war, fing Autor Mitch Markovitz zusammen mit Larry Brezner, dem Manager von Robin, an, das Drehbuch speziell auf Williams zuzuschneidern. Brezner: »Wir suchten nach Möglichkeiten, Robin witzig sein zu lassen. Ein Mann und sein Mikrofon.« Barry Levinson, der zuvor die Komödien »Diner« und »Tin Men« inszenierte, konzentrierte sich ebenfalls ganz auf seinen Hauptdarsteller: »Ich versuchte, seine spritzigen Einfälle positiv zu nutzen, indem ich die Kamera ständig hinter ihm herjagte. Ich ließ ihn vollkommen selbständig agieren. Das Resultat ist faszinierend. Ich glaube, niemand anders als Robin hätte das machen können.« Der Erfolg des Films an den Kinokassen gab dem Regisseur recht.

Aber nicht nur, daß der Film in den amerikanischen Hitparaden ganz nach oben kletterte, auch für den Hauptakteur entwickelte sich »Good Morning, Vietnam« zu einem lohnenden Engagement. Die Award Academy in Hollywood ehrte den Mimen für die Rolle des Adrian Cronauer mit einer Oscar-Nominierung. Gleichzeitig wurde er mit dem Golden Globe als bester Schauspieler ausgezeichnet. Für die Menschen in seiner Umgebung kamen diese Ehrungen nicht unerwartet, denn ihrer Meinung nach lieferte Williams als Cronauer seine bis dato beste Darstellung. Sein Manager Larry Brezner meinte dazu: »Das ist der Film, auf den Robin sein ganzes Leben gewartet hat.« Der Star selbst betrachtete die Rolle nüchterner und war anfangs gar nicht überzeugt, daß ihm damit der endgültige Durchbruch gelingen könnte. Er vermutete vielmehr, daß die Zuschauer das Werk als »sehr teuren Reisefilm« klassifizieren würden. Nichts von alledem.

Selbst als sich herausstellte, daß »Good Morning, Vietnam« ein Erfolg werden würde und Williams die Türen Hollywoods jetzt weit offenstehen, reagierte er zurückhaltend: »Ich bin nicht so ein Ego nach dem Motto: Robin Williams — jetzt bin ich ein Star. An erster Stelle der Komiker stehen Steve Martin und Eddie Murphy. Ich gehöre zur zweiten Garnitur.« Sein großes Leinwand-Idol, den britischen Schauspieler Peter Sellers (»Dr. Seltsam, oder wie ich lernte, die Bombe zu lieben«), den er als »richtigen Schauspieler« bewundert, hat Williams dennoch längst überflügelt. Daß er nicht nur komisch sein kann, sondern durchaus auch ernste Rollen meistert, hat Robin in »Good Morning, Vietnam« bereits gezeigt. Deutlicher noch wird diese Tatsache mit seinem nächsten Film, »Der Club der toten Dichter«, in dem er unter der Regie des Australiers Peter Weir die Rolle des unkonventionellen Englisch-Lehrers John Keating spielt. Obwohl dieser Film kaum komische Elemente enthält, wird er ein noch größerer Erfolg als »Good Morning, Vietnam«, und Robin Williams wird zum zweitenmal hintereinander mit einer Oscar-Nominierung geehrt. Es scheint, als wäre der Kampf Komödiant gegen Schauspieler jetzt endlich entschieden.

Pauker mit Weltsicht:
»Der Club der toten Dichter«

Robin Williams ist vielleicht der aufregendste Schauspieler des amerikanischen Kinos.« Die L.A. Times machte Williams das wohl größte Kompliment, das man einem Schauspieler aussprechen kann, für die Rolle des Lehrers John Keating in »Der Club der toten Dichter«. Und das, obwohl Williams' Auftritt in dem Film des Australiers Peter Weir (»Der einzige Zeuge«) gerade mal 20 Minuten dauert. Den größten Teil des Werkes bestreiten unbekannte Jung-Schauspieler.

Trotz des Fehlens von bekannten Gesichtern, entwickelte sich »Der Club der toten Dichter« zu einem Überraschungserfolg des Jahres 1989. In den vier Wochen nach Kinostart spielte der Film allein in den USA mehr als 25 Millionen Dollar ein. Eine Tatsache, die den Drehbuchautor Tom Schulman umso mehr überraschte, als der Start mitten im Sommer war: »Ich erschrak zu Tode, als der Verleih mir mitteilte, daß der Film ausgerechnet in den heißesten Monaten des Jahres gestartet wird. Ich habe immer gedacht, daß, wenn es sehr warm ist und man nur in Bermuda-Shorts herumläuft, kein Mensch ins Kino geht. Zum Glück wurde ich eines Besseren belehrt.« Aber was war geschehen, warum zog es die Leute mit ihren Bermudas in die Kinos?

»Ich glaube, der Film hat die Menschen bewegt«, versucht Schulman zu erklären. »Beim Schreiben habe ich mir Dinge überlegt, die mir irgendwie bekannt vorkamen, die jedermann irgendwie einmal durchlebt hat. Es geht um Kreativität, Selbstfindung und das Eintreten für das, an das man glaubt. Ich habe erlebt, wie Freunde, wie Menschen, mit denen ich großgeworden bin, ihre Träume verloren haben und unglücklich und unzufrieden geworden sind.« Die Geschichte von »Der Club der toten Dichter« basiert aber nicht auf den Erfahrungen mit seinen Freunden, sie beschreibt auch seine Erfahrungen mit einigen seiner Lehrer, die — wie John Keating im Film — ihm in seiner Entwicklung geholfen und seinem Leben die Richtung gewiesen haben. Zwei Jahrzehnte zuvor war Schulman nämlich selbst Schüler einer Elite-Universität, der Montgomery Bell Academy in Nashville. »Da ging es zwar lange nicht so streng und traditionell zu, wie in der von mir erfundenen Welton Academy, aber es gab durchaus ähnliche Rituale.«

Hinzu kommt sein Interesse an der Poesie. »Durch meinen Vater kam ich erstmals mit Dichtung in Berührung. Später las ich selbst viel.« Schulman, der an der Vanderbuilt University Philosophie und Englisch studierte, kann sich nicht mehr genau erinnern , wann er das erste Mal mit dem Begriff »carpe diem«, dem lateinischen Ausdruck für »Nutze den Tag«, in Berührung kam: »Es muß irgendwann in meinen Studientagen gewesen sein und war ein Teil der ganzen romantischen Situation. Es führte uns vor Augen, wie zerbrechlich das Leben ist und daß man möglicherweise bereits am nächsten Tag nicht mehr hier ist.«

Schulman gibt gerne zu, daß man die Geschichte von »Der Club der toten Dichter« auch um etwas anderes hätte herumstricken können als ausgerechnet Poesie. Aber, gibt er zu bedenken, die Suche nach dem eigenen Ich, der Seele, läßt sich am besten mit der Poesie symbolisieren. »Rhythmus, Reim und Bedeutung von Wörtern eines Shakespeare, Whitman und Keats verfügen über die gleiche Anziehungskraft wie Musik.« Obwohl die Poesie eine große Rolle spielt, hält der Drehbuchautor sein Skript keineswegs für ein literarisches Werk. »Ich habe lediglich ein gutes Buch geschrieben, das die Leute glücklicherweise sehen wollen. Ich schreibe über Dinge, die ich für wichtig halte und die mich faszinieren. Und ich hoffe, daß die Leser oder Zuschauer dies ebenso wichtig und interessant finden.«

1986, ein Jahr nachdem Tom Schulman sein Skript fertiggestellt hatte, sicherte sich der Produzent Steven Haft die Rechte an dem Buch: »Als ich ›Der Club der toten Dichter‹ las, habe ich mich sofort in die Geschichte verliebt. Tom hat etwas Besonderes geschaffen. Statt die Leinwand mit Maschinen, Ritterrüstungen, schnellen Autos oder Maschinengewehren zu füllen, hat er eine Persönlichkeit zum Leben erweckt, deren Ideen und Wärme sie unvergeßlich machen.«

Zur Realisierung des Films tat sich Haft mit dem Produzententeam Paul Junger Witt und Tony Thomas zusammen. Witt und Thomas arbeiteten bis zu diesem Zeitpunkt vorwiegend fürs Fernsehen. Unter ihrer Leitung entstanden Serien wie »Die Schöne und das Biest« und »Golden Girls«, für die sie auch mit dem Emmy, dem TV-Oscar, ausgezeichnet wurden. Als das Trio sich Gedanken machte, wer die Rolle des charismatischen Freidenkers John Keating übernehmen sollte, kamen sie relativ schnell auf Robin Williams. Dazu Haft: »Wenn Sie einen Schauspieler nennen sollten, der ohne viel Schauspielerei einen wirklich interessanten Lehrer an einem traditionellen Internat spielen soll, bin ich sicher, daß neun von zehn Listen mit Robin Williams beginnen. Er ist unglaublich intelligent und gebildet, aber er gibt seine Bildung auf ungewöhnliche Art weiter.«

Robin Williams zögert nicht lange, bevor er zustimmt, an dem Projekt mitzuwirken: »Mich hat die ganze Geschichte angezogen, nicht nur die Rolle. Ich mag die Handlung und die Zeit, in der sie spielt, die späten 50er, als das ganze Land sich im Aufbruch befand. Auch Keatings Einstellung zum Unterrichten, das Eingehen von Risiken durch unkonventionelle Methoden, die Ermutigung zur Suche nach einer eigenen Stimme, auch wenn andere sich ihm in den Weg stellen — das ist ziemlich genau meine eigene Lebensphilosphie.«

Peter Weir, der renommierte australische Regisseur, der sich mit Filmen wie »Ein Jahr in der Hölle«, »Mosquito Coast« und »Der einzige Zeuge«

bereits in Hollywood etabliert hatte, las das Drehbuch während eines Flugs in die Heimat: »Als ich das Manuskript bekam, bestieg ich gerade ein Flugzeug nach Australien. Ich lese eigentlich selten auf Flügen, aber schon der Titel fesselte meine Aufmerksamkeit. Ich las es in einem Zuge durch. Die Geschichte ist ebenso fesselnd wie faszinierend und von ungewöhnlicher Dichte, etwa wie ein guter Dickens-Roman, voller Charaktere und Situationen.« Für Haft und seine Partner schien Weir genau der richtige Mann. Der gesuchte Regisseur sollte in der Lage sein, die außergewöhnlichen Charaktere des Films in den intellektuellen Rahmen zu integrieren. Darüberhinaus sollte er dem Streifen visuelle Atmosphäre verleihen. Der Australier schien am besten geeignet, alle Voraussetzungen zu erfüllen, zumal er seinen Landsmann, den Kameramann John Seale (»Der einzige Zeuge«, »Gorillas im Nebel«), gleich mitbrachte.

Peter Weir reizte an dem Projekt vor allem die Aussicht, mit Robin Williams zusammenzuarbeiten. Weir und Williams kannten sich bereits von einem Treffen in Australien. »Wir tranken Kaffee und unterhielten uns. Er erzählte mir von einem Film, den er in Thailand drehen werde, ›Good Morning, Vietnam‹. Wir redeten und lachten und gingen unserer Wege. Damals hätte ich mir nicht träumen lassen, daß ich meinen nächsten Film mit diesem witzigen und sympathischen Mann drehen würde.«

Seinen Protagonisten schildert Weir so: »Kea-

»O Käpt'n, mein Käpt'n« – Der engagierte Englischlehrer John Keating gründet mit seinen Schülern den ›Club der toten Dichter‹

ting ist nicht subversiv, er ist nicht radikal wie jemand aus den 60er Jahren. Er ist jemand, der in jede und keine Zeit gehört, der an selbständiges Denken und Ausdruck der eigenen Persönlichkeit glaubt.« Williams fügt hinzu: »Jeder erinnert sich an mindestens einen Lehrer wie Keating, der einem mehr beibrachte als reinen Lehrstoff. Ich erinnere mich an zwei oder drei. Einer lehrte Geschichte, ein anderer Sport. Solche Lehrer geben etwas, das man für das ganze Leben behält.«

Robin Williams sollte den John Keating als einen Mann der ernsten und leisen Töne darstellen, der aber auch über eine gehörige Portion Humor verfügte. Regisseur Weir wußte, daß Williams diesen Balanceakt bravourös meistern würde. »Keating kann seine Schüler mit einem Wort oder einer Geste zum Lachen bringen, ohne sie damit vom Lernen abzuhalten. Diesen spezifisch leisen Humor, der für weite Strecken des Films die Zuschauer zum Lächeln bringt, hat Williams in noch keinem seiner früheren Filme gezeigt. Es ist der Robin Williams, den wir lieben, aber mit einer neuen Tiefe.«

Wie eingangs bereits erwähnt, steht nicht allein Robin Williams im Mittelpunkt des Films, sondern vor allem die Jungs des Internats. Daß es nicht alleine auf seine Leistung ankam, genoß Williams sichtlich: »Obwohl die Arbeit an diesem Film wirklich hart war, war es in anderer Beziehung erholsam. Ich mußte den Film nicht tragen, es ist eigentlich die Geschichte der Schüler. Ich bin nur der Auslöser für ihre Reaktion.«

Die Handlung von »Der Club der toten Dichter« spielt nur an zwei Schauplätzen. An der elitären Privatschule Welton, wo nur Tradition, Pflichtbewußtsein und Disziplin zählen und in der Höhle im Wald, dem Refugium des Clubs der toten Dichter. »Welton ist die Welt der Ordnung, die klassische Welt von Proportionen, Harmonie und Form«, analysiert Weir die Schauplätze. »Die Höhle hingegen symbolisiert die primitiven Ursprünge des Menschen. Wenn die Jungen sich nachts in die Höhle flüchten, befreien sie auch eine Art Muse.« Produzent Haft sieht die Situation ähnlich: »Welton war 1959 eine pragmatische Schule. Arbeite hart und werde Arzt oder Anwalt oder Politiker, und kümmere dich nicht um Dinge wie den Duft der Rosen. Dann kommt John Keating und sagt: Erweitert euer Bewußtsein, lauft nicht hinter dem Erfolg her, vergeßt nicht zu leben! In der Eisenhower-Administration war das eine wichtige Botschaft für eine Gruppe privilegierter Söhne. Aber heute ist sie für uns alle bedeutsam.«

Regisseur Peter Weir war es ein großes Anliegen, daß sich die Schauspieler vor der Kamera ebenso gut verstanden wie in den Drehpausen. Aus über 500 Bewerbern sucht er mit seinem Besetzungsdirektor Howard Feuer die jugendlichen Darsteller zusammen. Mit der Auswahl zeigte sich auch Produzent Haft mehr als zufrieden: »Peter besetzt sehr naturalistisch. Er ist Psychologe, Maler und Dramaturg zugleich.« Jung-Mime Gale Hansen entwickelte sich zum wahren Fan seines Regisseurs: »Man kann nicht sieben Fremde in einen kleinen Raum stecken und erwarten, daß sie die besten Freunde spielen, wenn sie es nicht auch wirklich sind.«

Ähnlich wie Barry Levinson in »Good Morning, Vietnam«, ließ Peter Weir seinen Darstellern genügend Freiraum zum Improvisieren. So ließ er die Jungen und Robin Williams selbst Gedichte schreiben und rezitieren. Weir: »Eine der ersten Übungen sah so aus: Wir räumten das Drehbuch einfach weg und ließen Robin nach eigenem Gutdünken unterrichten. Er wählte Shakespeare und Dickens als Unterrichtsthema, wir stellten die Kamera ein und filmten drauflos. Er war verrückt, chaotisch und sehr komisch. Auch wenn manchmal nichts dabei herauskam, ich wußte, es würde Robin helfen, seine Autorität als Lehrer und Schauspieler bei den Jungs zu stärken.« Im Film jedenfalls haben die Jungen allen Respekt vor Robin Williams alias John Keating. Allerdings zollen sie ihm den nicht aus Angst, sondern aus aufrechter Zuneigung und Bewunderung. Seine Intelligenz und seine offensichliche Kompetenz überzeugen die Schüler. Er braucht kein strenges Wort, um Aufmerksamkeit zu erregen.

Aber beginnen wir von vorn: Man schreibt das Jahr 1959. In der ehrwürdigen Privatschule Welton beginnt das neue Semester mit einer Ansprache des Direktors Gale Nolan und mit dem Entzünden einer Kerze, dem Licht des Wissens. Seit mittlerweile hundert Jahren bereitet das Bildungsinstitut die Elite des Landes auf den Besuch einer Universität vor. Seit hundert Jahren gelten für die Schüler die gleichen Prinzipien: Tradition, Ehre, Disziplin und Leistung. Der strikten Einhaltung dieser Grundsätze schreibt es Direktor Nolan zu, daß Welton die erfolgreichste Vorbereitung auf das College in den Vereinigten Staaten ist.

Der Semesterbeginn ist der Tag des John Keating, selbst ein Absolvent von Welton, der bis dato an der Chester-Schule in Großbritannien Englisch unterrichtete und nun einen Ruheständler ersetzt. Zu den Neuankömmlingen an diesem Tag gehört auch Todd Anderson. Auch er hat eine Welton-Vergangenheit zu bewältigen. Sein älterer Bruder absolvierte die Schule ein paar Jahre zuvor und hinterließ einen bleibenden Eindruck als einer der besten Schüler, den das Institut jemals hervorbrachte. Was Todd in der Schule erwartet, faßt der Direktor bei der Begrüßung kurz zusammen: »Sie treten ein schweres Erbe an, Mr. Anderson. Ihr Bruder war einer unserer Besten.«

Todd teilt das Zimmer mit Neill Perry, einem jungen Mann, der ungeheuer unter der Fuchtel seines Vaters steht, einem strengen Mann, der keinen Widerspruch duldet, schon gar nicht in der Öffentlichkeit. Im Internat ist Neill der Wortführer eines kleinen, aber eingeschworenen Freundeskreises, zu dem die Jungen Knox Overstreet, Charlie Dalton, Richard Cameron, Steven Meeks und Gerard Pitts gehören. Sie sind es auch, die später den harten Kern des Clubs der toten Dichter bilden. Aber was hat es eigentlich mit dieser mysteriösen Vereinigung auf sich?

Alles beginnt damit, daß der neue Englisch-Lehrer John Keating mit seinen ungewöhnlichen Lehrmethoden die Schüler von Anfang an begeistert. In seiner ersten Unterrichtsstunde versucht er mit dem Gedicht »Jungfrau, nutze die Zeit« das Interesse seiner Schüler an der Poesie und ihrem Sinn zu wecken. »Pflückt Rosenknospen, so lange es geht / Die Zeit sehr schnell euch enteilt / Dieselbe Blume, die heute noch steht / ist morgen dem Tode geweiht.« Keating erklärt seinen Schützlingen, daß der lateinische Begriff für dieses Bild »carpe diem« lautet, zu deutsch: »Nutze den Tag.« Was will der Dichter damit sagen? Der Lehrer führt die Schüler zu einer Wand, an der alte Klassenfotos hängen: »Betrachten Sie bitte diese alten Fotos aufmerksam. Die jungen Männer sehen nicht anders aus als Sie. Derselbe Haarschnitt und vor Hormonen strotzend genau wie Sie. Unbesiegbar, wie Sie sich sehen. Die Welt steht ihnen offen. Sie glaubten, sie seien für Großes bestimmt, ebenso wie viele von Ihnen. Aus ihren Augen spricht Hoffnung, ebenso wie aus Ihren. Denn sehen Sie, Gentlemen, diese Jungs dienen jetzt den Narzissen als Dünger. Carpe diem, nutze den Tag! Macht etwas Außergewöhnliches aus eurem Leben, Jungs!«

Die Knaben sind anfangs von dem ungewöhnlichen Stil Keatings irritiert. In ihren Köpfen allerdings fängt es an zu arbeiten, und wenn sie abends allein auf ihrem Zimmer sitzen, kreisen ihre Gedanken um den Satz: »Nutze den Tag.«

In seiner zweiten Unterrichtsstunde wartet Keating mit einer neuen Überraschung auf. Er läßt das Vorwort des Englischbuches »Zum Verständnis der Lyrik« vorlesen. Darin versucht Dr. Pritchard, ein Professor der Philosophie, Poesie mit mathematischen Formeln zu analysieren. Keatings Kommentar zu dieser Einschätzung ist unmißverständlich: »Exkremente, das denke ich über Mr. Pritchard. Wir sind keine Klempner, wir haben es hier mit Lyrik zu tun. Man kann doch nicht Gedichte bemessen wie amerikanische Charts. Und jetzt möchte ich, daß Sie das ganze Vorwort herausreißen. Ich will nur noch hören, wie Mr. Pritchard herausgerissen wird.«

Wieder sind sich die Schüler nicht ganz schlüssig, ob diese Aufforderung ernst gemeint ist, aber nach mehrmaliger Aufforderung erleichtern tatsächlich alle ihr Buch um die Seiten des Vorworts. Als das geschehen ist, setzt Keating seinen Vortrag fort: »Jetzt werden Sie lernen, wieder selbständig zu denken. Sie werden wieder lernen, Wörter und Sprache zu genießen. Worte und Gedanken können die Welt verändern. Wir lesen und schreiben Gedichte nicht nur zum Spaß. Wir lesen und schreiben Gedichte, weil wir zur Spezies Mensch zählen, und die Spezies Mensch ist von Leidenschaft erfüllt. Poesie, Schönheit, Romantik, Liebe sind die Freuden unseres Lebens.« Gebannt lauschen die Schüler ihrem Lehrer, jedes Wort, das Keating von sich gibt, frißt sich in den Köpfen der jungen Männer fest.

Bei seinen Kollegen stoßen Keatings Methoden auf weit weniger Anerkennung: »Ich finde es sehr riskant, diese Jungs zu ermutigen Künstler zu werden. Wenn sie feststellen, daß sie keine Rembrandts, Shakespeares oder Mozarts sind, werden sie sie verachten.« Keating ist um eine Antwort nicht verlegen: »Es geht nicht um Künstler, wir reden über Freidenker.«

Die Jungs lassen sich ihre Euphorie nicht nehmen. Um mehr über ihren geliebten Lehrer zu erfahren, wühlen sie in alten Jahrbüchern und finden tatsächlich Hinweise. Als Keating selbst noch Schüler in Welton war, leitete er das Football-Team als Mannschaftsführer, war Herausgeber des Schuljahrbuchs, als Weiberheld verschrien und Mitglied im Club der toten Dichter. Diese geheimnisvolle Organisation weckt das Interesse. »Was ist der Club der toten Dichter?« John Keating gibt bereitwillig Auskunft: »Dieser Club hatte sich dazu verschrieben, das Mark des Lebens in sich aufzusaugen. Wir pflegten uns in einer alten Indianerhöhle zu treffen und lasen abwechselnd vor. Die großen Dichter, aber auch eigene Verse. Im Bann dieser Verse ließen wir uns von der Poesie verzaubern. Wir waren Romantiker. Wir haben nicht nur einfach Gedichte gelesen, wir ließen sie auf unseren Zungen genüßlich zergehen wie Honig. Das Bewußtsein bekam Flügel, Frauen sind dahingeschmolzen, und Götter wurden geschaffen.«

Keatings Worte sind wie Balsam auf die Seele von Neil Perry. Der junge Mann fühlt sich sofort auserkoren, den Club neu ins Leben zu rufen und will mit seinem Kameraden noch am gleichen

Abend das erste Treffen arrangieren. Er kennt die geheimnisvolle Höhle, die unweit der Schule auf der anderen Seite des Flusses liegt. Es braucht wenig Überredungskunst, um alle von der Großartigkeit der Idee zu überzeugen. Nur Todd Anderson hat Bedenken, aber auch die werden von Neil beiseite gewischt. Und so kommt es, daß die Jungs sich abends heimlich aus den Schlafsälen schleichen und in der Höhle Gedichte rezitieren.

Der nächste Tag beginnt mit einer Englischstunde. John Keating hat neue Ratschläge für die Teenager parat: »Die Sprache ist nur zu einem Zweck entwickelt worden. Und zwar?« Die Antwort kommt nur zögernd: »Zur Kommunikation.« »Nein! Um Frauen zu umwerben.« Die Klasse lacht. Ein lockerer Einstieg in das Thema Shakespeare, einen trockenen Stoff, der den Schülern normalerweise ein Stöhnen entlockt. Doch Keating versteht es, auch diesen schon etwas abgegriffenen Dichter neu zu beleben. In einer Art Rollenspiel führt er der Klasse vor, wie etwa Marlon Brando und John Wayne Shakespeare interpretieren würden. Die Schüler sind begeistert. Bevor die Stunde zu Ende ist, erteilt Keating noch eine Lektion für das Leben. Zur Überraschung aller springt er plötzlich auf sein Pult und dreht sich im Kreis: »Ich habe mich auf den Schreibtisch gestellt, um mir klar zu machen, daß wir alles auch aus anderer Perspektive betrachten müssen. Von hier oben sieht die Welt wirklich anders aus. Gerade wenn man glaubt etwas zu wissen, muß man es aus einer anderen Perspektive betrachten, auch wenn es albern oder unnötig erscheint. Und wenn Sie etwas lesen, vollziehen Sie nicht nur die Gedanken des Autors nach, berücksichtigen Sie auch, was Sie selbst denken.« Keating läßt seine Schüler einen nach dem anderen auf den Tisch klettern. »Gentlemen, Sie müssen sich um eine eigene Perspektive bemühen. Je länger Sie damit warten, desto unwahrscheinlicher ist es, daß Sie sie finden. Finden Sie sich nicht damit ab, ein Leben in stiller Verzweiflung zu führen. Stürzen Sie nicht in den Abgrund wie die Lemminge, sehen Sie sich um. Haben Sie den Mut, ihren eigenen Weg zu finden.«

Keatings progressiver Unterricht trägt bald erste Früchte. Neil Perry, der junge Mann, der unter der Fuchtel seines Vaters steht, hat sich entschlossen, Schauspieler zu werden. Schon im Jahr zuvor wollte er an einer Aufführung des Schultheaters mitmachen, aber sein Vater hatte es nicht erlaubt. Dieses Jahr will er sich nicht davon abhalten lassen. Dieses Jahr will er seinen eigenen Weg gehen. »Zum ersten Mal in meinen Leben weiß ich, was ich wirklich will, und ich werde es mit Sicherheit durchsetzen. Egal ob mein Vater damit einverstanden ist oder nicht. Carpe diem!« Seine Begeisterung scheint keine Grenzen zu kennen, aber seinen Vater um Erlaubnis zu fragen, wagt er nicht. Da er aber die Einwilligung eines Erziehungsberechtigten braucht, fälscht er kurzerhand die Unterschrift.

Inzwischen hat Charlie Dalton in der Schülerzeitung anonym einen Artikel veröffentlicht, in der er die Schulleitung auffordert, endlich Mädchen zuzulassen. Er tut dies im Namen des Clubs und beschwört so den Zorn von Direktor Nolan. Als Dalton sich auch noch während der eiligst einberufenen Schulversammlung einen bösen Scherz erlaubt, dreht Nolan durch und vertrimmt den Jungen mit einem Schlagstock. Anschließend zitiert er Keating zu sich und rüffelt ihn wegen seiner unorthodoxen Unterrichtsmethoden, in denen er die Ursache für Daltons Ausbrüche sieht. Keating kann die Aktion von Charlie auch nicht gutheißen und spricht deshalb mit ihm: »Das war eine miese Nummer, die Sie heute abgezogen haben. Das Mark des Lebens in sich aufzusaugen, heißt nicht, am Knochen zu ersticken.«

Damit nicht genug der Schwierigkeiten. Mr. Perry Senior hat von den schauspielerischen Ambitionen seines Sprößlings Neil erfahren und taucht wutschnaubend in der Schule auf. Er verbietet dem Sohn, weiter in der Theatergruppe mitzumachen. Neils anfänglicher Widerstand gegen diese Entscheidung bricht schnell zusammen, und schließlich verspricht er, sich künftig nicht mehr auf der Bühne zu engagieren. In seiner Verzweiflung sucht er Rat bei Mr. Keating, den er in seinem Zimmer besucht und ihm dort sein Dilemma schildert. Keating kann Neil keinen anderen Rat geben, als mit dem Vater über seine Leidenschaft zum Theater zu sprechen, doch das übersteigt die Fähigkeiten von Neil bei weitem. Und als Keating ihn am nächsten Tag fragt, ob er mit seinem Vater gesprochen habe, lügt Neil ihn an.

Abends, am gleichen Tag. Die ganze Schule hat sich im Auditorium versammelt, um Neil auf der Bühne zu sehen. Shakespeares »Ein Sommernachtstraum« steht auf dem Programm, und Neil schlägt das Publikum tatsächlich in seinen Bann. Man merkt, daß dieser Junge für das Theater geboren wurde. Doch dann passiert es: Perry senior taucht plötzlich im Saal auf und schickt böse Blicke auf die Bühne. Nachdem der tosende Schlußapplaus abgeebbt ist, zerrt er seinen Sohn wutschnaubend nach Hause, wo er ihm eine gewaltige Standpauke hält. Darüberhinaus kündigt er an, daß er Neil in Welton abmelden und bereits am nächsten Tag auf eine Militärakademie zu schicken gedenkt. In der Nacht schleicht sich Neil in das Arbeitszimmer seines Vaters, holt den Revolver aus der Schublade und schießt sich in den Kopf.

Die Nachricht vom Selbstmord verbreitet sich wie ein Lauffeuer. Die Kameraden sind erschüttert, verzweifelt und traurig. Auch Keating beweint seinen Schüler, und in der Trauer kommt ihm ein Vers in den Sinn: *Ich ging in die Wälder, denn ich wollte wohl überlegt leben. Intensiv leben, das Mark des Lebens in mich aufsaugen. Um alles auszurotten, was nicht Leben war, damit ich nicht in der Todesstunde inne würde, daß ich gar nicht gelebt habe.*

Für John Keating hat die Tragödie noch andere Konsequenzen. Mr. Perry, der sich sein Versagen nicht eingestehen kann, gibt dem Englischlehrer die Schuld am Tod seines Sohnes. Direktor Nolan kündigt deshalb eine eingehende Untersuchung des Falles an. Doch das Urteil steht von vornherein fest: Keating soll über die Klinge springen, soll als Sündenbock herhalten. Nolan dazu: »Mr. Keating hat seine Position als Lehrer eklatant ausgenutzt, was letzten Endes die Ursache für Neil Perrys Tod ist.« Keating muß gehen.

Ganz gegen die Sehgewohnheiten der Zuschauer wartet »Der Club der toten Dichter« mit keinem Happy End auf und wurde dennoch ein Publikumserfolg. Für Regisseur Peter Weir, und offensichtlich auch für den Kinogänger, gewann der Film dadurch an Glaubwürdigkeit: »In manchen östlichen Kulturen ist die Kreativität eine Göttin des Schaffens wie des Zerstörens. Bildung kann etwas Gefährliches sein, je nachdem, wie sie genutzt wird. Für einen der Jungen haben Keatings Lehren tragische Konsequenzen, aber für einen anderen verändern sie das Leben positiv.«

Für Robin Williams war der Auftritt als Keating keine Routinerolle, es war ein Meilenstein, ein pädagogischer Auftrag, der ihn auch privat weitergebracht hat: »Es ist leicht, ein Romantiker zu sein, wenn alles wunderbar läuft. Aber wenn die Dinge um einen herum auseinanderfallen, wohin dann mit der Romantik? Dazu braucht man Mut, und darum geht es in diesem Film. Wie Keating sagt: Das mächtige Theaterstück geht immer weiter, und vielleicht könnt ihr einen Vers beisteuern. Ich glaube, ich habe nun meinen Vers beigesteuert, und jetzt kann das Stück weitergehen.«

Meisterwerk mit Tiefgang:
»Zeit des Erwachens«

Robin Williams ist ein »funny man«, wie die Amerikaner gerne sagen – ein lustiger Mann. Doch der hat auch seine ernsten Seiten. Kaum zu glauben, daß dieser Mann auch stille, fast melancholische Rollen spielen kann. Sein darstellerisches Portrait des Arztes Dr. Oliver Sacks ist eine seiner besten Arbeiten. Doch wie kam es überhaupt dazu, daß er eine solche Rolle spielte?

»Man wählt aus. Man weiß irgendwann, was Bestand hat und was nicht. Man vergleicht diesen introvertierten Mann, der sich der Welt ernsthaft annimmt, einfach mit einem Komiker, der aggressiv lustig ist. Und dann opfert man das eine dem anderen.«

Hier zunächst einmal die Geschichte, die Robin Williams viel wichtiger als manche wesentlich lustigere ist:

Leonard ist erst elf Jahre alt, als eines Tages seine rechte Hand von einem seltsamen Zittern befallen wird. Er kämpft gegen diese Behinderung, die sich niemand so recht erklären kann. Im Lauf der folgenden Jahre erstarrt sein Körper immer mehr, und er vermag sich auch nicht mehr zu artikulieren. Schweren Herzens läßt ihn seine Mutter in eine Anstalt für Behinderte einweisen.

Fast vierzig Jahre später tritt Dr. Malcolm Sayer (Williams) seine neue Stelle am Mount Carmel Hospital an. Unter anderem ist er mit einer auffälligen Patientengruppe konfrontiert, zu der auch Leonard gehört. Scheinbar teilnahmslos vegetieren diese Menschen dahin, wirken wie Statuen. Das Personal der Abteilung bezeichnet diese Menschen als Garten, der nur noch bewässert werden muß. Doch Dr. Sayer ist ein besonderer Arzt, ein Mann, der fast ebenso abgeschieden von der Welt wie seine Patienten lebt, der kein rechtes Familienleben hat und der menschliche Kontakte scheut. Er ist ein brillanter Wissenschaftler und stellt als erstes fest, daß diese speziellen Patienten unter bestimmten Umständen doch zu Reaktionen fähig sind. Wenn man ihnen plötzlich etwas zuwirft, reagieren die angeblich Bewegungsunfähigen mit bemerkenswertem Geschick. Auch Musik scheinen sie zu hören, und sie tanzen sogar zu vertrauten Klängen. Sayer, der in dieser Klinik zunächst nicht das Vertrauen der anderen Ärzte und der Klinikleitung, nur das der Krankenschwester Costello, genießt, durchforscht die Krankengeschichten der Patienten und stellt fest, daß sie alle in ihrer Jugend die Europäische Schlafkrankheit hatten, die Encephalitis Lethargica, eine Hirnhaut-Entzündung, die durch einen Virus verursacht wurde, der nach dem Ersten Weltkrieg die USA heimsuchte. Es fällt auf, daß die Symptome der Patienten denen der Parkinsonschen Krankheit stark ähneln. In den 60er Jahren ist nun ein Medikament entwickelt worden, das die Parkinson-Symptome lindert, L-Dopa, und Dr. Sayer entschließt sich, dieses Medikament an seinen Patienten zu testen. Erste Versuchsperson ist Leonard, der keine Reaktion zeigt. Sayer ist mutig, und gegen den Widerstand seiner Kollegen setzt er durch, daß er die Dosis erhöhen darf.

Immer höher geht er mit der Dosis – scheinbar ohne Erfolg. Doch dann geschieht das Wunder: Leonard (Robert De Niro), der 40 Jahre in sich versunken war, erwacht langsam und wird zur medizinischen Sensation. Sein ganzes Denken und Fühlen stammt aus der Zeit, als sich sein Bewußtsein zu verlangsamen begann. Er denkt und handelt wie ein elfjähriger, lernt aber schnell. Doch insgesamt muß er sich erst langsam wieder an das normale Leben gewöhnen. Jetzt möchte der Arzt auch seine anderen Patienten mit der Wunderdroge behandeln, doch es fehlt an Mitteln. Außerdem glaubt der Klinikchef nicht an die Versuche seines Arztes, hält selbst Leonards Erwachen für gefährlich und zufällig. Doch mit Leonards Hilfe überzeugt Dr. Sayer die Geldgeber der Klinik, die Mittel bedeutend zu erhöhen. Die gesamte Gruppe von Patienten wird nun mit L-Dopa erweckt. Szenen der Freude, der Hoffnung, vor allem der Erinnerung spielen sich ab. Für manche ist die Erweckung eher grausam, denn von den Lieben, an die sie sich erinnern, lebt fast niemand mehr. Dr. Sayer muß darüberhinaus die bedrückende Erfahrung machen, daß die Gesundung seiner Patienten viele psychische Konflikte heraufbeschwört. Leonards Mutter zum Beispiel ist unglücklich, daß sich ihr Baby, von ihr seit 40 Jahren betreut, plötzlich in einen erwachsenen Mann mit entsprechenden Gefühlen und Bedürfnissen verwandelt hat. Sie fühlt sich plötzlich alt und nutzlos. Leonard selbst fühlt sich zu einer jungen Frau hingezogen, die regelmäßig ihren kranken Vater in der Klinik besucht. Die erste Euphorie der erwachten Patienten wird also von Furcht und Zorn darüber, daß sie in der Klinik bleiben müssen, überschattet. Außerdem beginnen sich schon bald Nebenwirkungen zu zeigen — die psychische Stabilität der Patienten ist nicht garantiert. Vor allem Leonard, Sayers Star-Patient, wird schwierig. Er will sein verpaßtes Leben nachholen. Doch das ist nicht möglich, denn trotz der hohen Dosen des Medikaments stellen sich bald wieder die alten Krankheitssymptome ein. Auch bei den anderen Patienten flauen die Wirkungen von L-Dopa ab. Dr. Sayer muß erkennen, daß er zwar scheinbar Bewußtlose erweckt hat, daß sie aber niemals vollkommen geheilt werden können. Die Nebenwirkungen des Wundermittels sind sogar so stark, daß die Patienten erheblich gefährdet werden, das sieht nun auch Dr. Sayer ein. Er muß seine Experimente einstellen. Dennoch waren sie nicht sinnlos, denn er beginnt mit dem erzielten Ergebnis eine neue medizinische Philosophie zu entwickeln, die weit über den kleinen Kreis seiner Patienten und ihrer einzigartigen Erkrankung hinausgeht ...

Dr. Malcom Sayer fühlt sich zunächst in der Psychiatrie völlig fehl am Platz – doch dann macht er eine sensationelle Entdeckung

Nach 30 Jahren Dämmerschlaf ist Leonard Lowe ins Leben zurückgekehrt – doch nur für kurze Zeit

Alles in diesem Film beruht auf Tatsachen: Die Encephalitis Lethargica, die Europäische Schlafkrankheit, ist Ursache von Folgeerscheinungen, die dem Parkinsonismus ähnlich sind. Diese Krankheit breitete sich ab 1916 in den USA plötzlich aus, um Mitte der 20er Jahre ebenso plötzlich wieder zu verschwinden. Niemand weiß genau, wo der Virus herkam und unter welchen Umständen er wieder zuschlagen könnte. Wenn aber wieder nur wenige Patienten die gleichen Symptome hätten und sich kein Wissenschaftler wie Oliver Sacks finden würde, dessen Forscherdrang über das Normale weit hinausgeht, könnte sich das Vergessen auch wiederholen... Im Jahre 1960 gelang der Nachweis, daß bei dieser Krankheit die Substanz Dopamin fehlt, das unter bestimmten Umständen die Symptome der Krankheit lindern kann. Dr. Oliver Sacks (der wirkliche Name des Arztes, der im Film von Robin Williams gespielt wird) hat diese Untersuchungen wie geschildert durchgeführt. Die mit starken Risiken behaftete Erweckung der Kranken war in der Tat gelungen. In zwanzig Fällen gelang Dr. Sacks eine solche Erweckung, und in allen Fällen gelang es ihm, mit den Patienten eine effektive Verständigung aufzubauen. Diese Kommunikation war erschütternd, schließlich sprach man mit Menschen, die fast vierzig Jahre lang zu keiner Kommunikation fähig gewesen waren. Oliver Sacks wurde am 9. Juli 1933 in London geboren. Beide Eltern waren Ärzte, seine drei Brüder ebenfalls. Sein Vater hatte unter dem berühmten Neurologen Henry

Head gearbeitet. Nach seinem Studienabschluß erhielt der junge Arzt ein Oxford-Stipendium, und von 1960 an arbeitete er in den USA als Neurologe.

Am Hospital Mount Zion in San Francisco arbeitete er von 1962 bis 1965, um dann am Albert Einstein College im New Yorker Stadtteil Bronx Neurologie zu unterrichten. Inzwischen ist er auch für viele weitere Hospitäler und Altenheime als Berater tätig. Sein erstes Buch erschien im Jahre 1970.

Wie begegnete Robin Williams diesem exzentrischen Arzt, wie sehr hat er sich in ihn hineinversetzt? »Er ist unglaublich verletzbar.

Ich habe lange gebraucht, um mit ihm richtig ins Gespräch zu kommen. Ich habe versucht, diese Introvertiertheit und Verletzlichkeit darzustellen. Er ist wie ein Bluter in der Rasierklingenfabrik. Es ist manchmal sogar so, daß die Patienten in den Krankenhäusern sich seiner annehmen, so zerstreut ist er. Ich habe sein kleines Haus gesehen und seine vielen Bücher über die Botanik, sein großes Hobby, und ich habe versucht, diesen Geist auszustrahlen. Um ihn zu spielen, war eine Kombination von anderen Charakteren nötig. Er ist Albert Schweitzer und Arnold Schwarzenegger zugleich, unglaublich scheu und dabei doch wieder so aggressiv im Verfolgen seiner Ideen. Er hat ein enormes Wissen, aber manchmal kann er nicht darüber sprechen. Er hat sein eigenes kleines Mikroklima geschaffen, in dem er wundervoll existieren kann. Werden die Bedingungen verändert, gibt es Probleme. Wenn es ihm zu warm wird, geht es ihm schlecht wie einem Pinguin. Da kann es dann geschehen, daß er vor den Aufnahmen eines Drehtages sitzt mit einem Gesicht, als hätte er einen Eisbeutel auf dem Kopf, das sagt: ›Das war's mal wieder — die Künstler imitieren das richtige Leben statt den eigenen Schatten hinterherzujagen‹.« Williams hat sich so sehr in die Rolle hineingearbeitet, daß Regisseurin Penny Marshall ihn bat, wenigstens auch ein wenig ›Williams‹ hineinzulegen. »Deswegen wurde der Name von Sacks zu Sayer geändert, einfach um ihm das leichter zu machen.« Williams war selbst froh darüber: »Oliver Sacks und ich — wir waren beide befreit von einem großen Druck.«

»Es war nicht mein Drehbuch, es war nicht mein Film — zum größten Teil entzog sich das alles meiner Kontrolle«, sagt der echte Dr. Sacks zu dem Film und zu der Tatsache, daß Williams ihn spielte, »das mußte mir erst klarwerden, aber dann war es auch eine Erleichterung. Ich wollte beratend tätig sein und für die medizinische und historische Richtigkeit geradestehen. Durch meine Bemühungen sollte der Film einen festen Standpunkt gewinnen, von dem aus er abweichen konnte und den Kreativen auch Freiräume ließ.

Bob (De Niro), Robin und Penny (Marshall, die Regisseurin) wollten viele Patienten kennenlernen, um ein Gefühl für ein echtes Hospital zu gewinnen. Wir besuchten viele Krankenhäuser, sprachen mit Parkinson-Kranken und den wenigen verbliebenen Post-Enzephalitikern. Sie haben meine Super-8-Filme aus den 60er und 70er Jahren studiert und schließlich noch das Archivmaterial aus der Zeit der Epidemie. Williams kennenzulernen, war anfangs nicht ganz leicht. Ich hatte gesehen, wie akribisch und genau De Niro die Patienten studiert hatte und fürchtete nun, ebenso studiert zu werden. Doch Robin wollte mich vor allem in Aktion sehen, in meiner Rolle als Forscher und Arzt. Und er wollte die Art von Patienten sehen, mit denen ich während der Arbeit an dem Buch gelebt hatte. Wir besuchten gemeinsam mit Penny das Little-Sisters-of-the-Poor-Hospital, wo ich seit 15 Jahren zwei postenzephalitische Patienten betreue. Wie bei Bob war ich auch hier fasziniert, wie schnell Robin sich in einer für ihn völlig neuen Situation zurechtfand, wie offen und locker er mit den Patienten umging und wie angenehm seine spontane Art auf sie wirkte. Natürlich ist er persönlich und als Schauspieler ein ganz anderer Typ als Bob — gesellig und extrovertiert. Beide haben aber die gleiche aufmerksame Intensität — unter Wahrung des Taktgefühls — und die gleiche leidenschaftliche Genauigkeit der Beobachtung.«

Sacks hatte natürlich auch die Fähigkeiten Williams' erkannt, Menschen nachzuahmen, und deswegen hatte er wohl besondere Furcht davor: »Er kann sich derart in einen anderen Menschen hineinversetzen. Gestik, Mimik, Verhalten — alles. Der kann einen kriegen. Ich sah ihn, wie er sich in einer bestimmten Weise die Hand an den Kopf hielt, und wußte — das war ich.«

Dr. Sayer muß mit ansehen, wie seine Patienten wieder in ihre Teilnahmslosigkeit zurücksinken

Sacks mußte später auch zugeben, daß er längst nicht soviel von Williams gelernt hatte, wie der von ihm. »Er traf einmal einen Patienten namens Shane – er und Shane verbrüderten sich sofort. Irgendwann sagte er mir dann, daß er das Gefühl habe, daß Shane ihn lebendiger mache, als er ist, daß Shane das Leben selbst symbolisiere. Faszinierend, denn genau das denke ich von Robin«.

Dr. Sacks zu Williams komischem Talent und seiner explosiven Spontaneität: »Es bricht richtiggehend aus ihm hervor. Es kommt plötzlich heraus. Es hat eine eigene Meinung, es ist unter Kontrolle, und es ist wieder nicht unter Kontrolle. Dieses ›Es‹, worüber ich spreche, ist eine Form von Genie. Und dieses Herausholen aus den Tiefen des Geistes, das er beherrscht, ist für ein Genie charakteristisch. Was aus Robin manchmal herauskommt, ist planetarisch, vulkanisch – es ist die Genealogie der menschlichen Psyche.« So erhielt Williams ganz nebenbei noch eine »medizinische« Beurteilung jener Fähigkeiten, die er in dem Film gar nicht anwandte...

Bei den Dreharbeiten im Krankenhaus mußten Williams und die Filmcrew oft viel Geduld haben, denn in einigen Szenen spielten »echte« Kranke neben Schauspielern. Williams: »Da mußten wir sehr ruhig sein und besonnen. Wenn es einmal zu laut wurde, haben wir lange gewartet, bis Stille eingekehrt war. Wir wollen ja nicht, daß Patienten wegen uns mit irgendetwas ruhiggestellt wurden. Ich habe Lillian kennengelernt, die letzte überlebende Patientin mit dieser Krankheit. So traurig das war, so überwältigend war es gleichzeitig. Da war etwas so Kraftvolles an dieser Frau, denn ihr Wille zu leben und zu funktionieren war überwältigend und überdeckte alles andere. Wenn sie in den Raum kam, mußte man sie einfach bemerken. Sie kennt das Wort Selbstmitleid nicht.«

Williams wurde von vielen gefragt, ob es ihm schwergefallen sei, einmal nicht so »funny« zu sein. »Wissen Sie, wir waren fünf Monate in Krankenhäusern und mit kranken Menschen zusammen. Da gab es schon eine ganze Menge Momente, in denen ich einfach mal was rauslassen mußte. Ich habe also für Bobby oft Stimmen nachgemacht, einfach um unsere Laune ein bißchen aufzubessern. Ich brauchte es auch, um diesen anderen, ernsten Charakter spielen zu können, und für die Crew war es gut, denn manchmal waren alle ein bißchen down.« Penny Marshall, die Regisseurin, freute sich ebenfalls, daß einer da war, der die Crew mit Späßen unterhielt.

Warum eigentlich drehte sie nach ihrem Riesenerfolg mit »Big« einen so ernsten Film? »Ehrlich gesagt, ich hatte Schiß, schon wieder eine Komödie zu machen. Und dieses Drehbuch war so unglaublich gut, daß ich den Film machen mußte. Ich war richtig nervös, weil ich keine Ahnung hatte, ob ich das auch kann. Ich hatte das Gefühl, das, was dieser Film ausdrückt, könnte es sogar wert sein, damit die letzten Jahre meines Lebens zu verbringen. Und ich war glücklich, daß so wunderbare Schauspieler ja dazu sagten.«

Viele Journalisten, die Williams zu dem Film befragten, wollten wissen, wie er mit dem Superstar und Schauspielgenie Robert De Niro ausgekommen sei: »Ich hab es überlebt. Er hat so einen trockenen Humor. Ein paar Mal hat er mich sogar zum Lachen gebracht. Zum Beispiel, als ich ihm die Nase gebrochen habe.«

Wie bitte? Williams zu den Reportern der Hollywood Foreign Press:

»Es war ein Unfall. Ich sollte ihn umarmen, dabei hab' ich ihm den Ellenbogen in die Nase gekracht. Es knackte, als bräche ein Hühnerknochen. Ich hab' ihm die Nase gerichtet. Sein Arzt sagte, er müsse mir Geld dafür bezahlen, denn nun sähe er aus wie, ein WASP (Weißer Angelsächsischer Protestant) der sich Ted De Niro nennen und den Film »Wie ein wilder WASP« drehen könne...« Es scheint, als hätten sich die beiden während der Dreharbeiten arrangiert und eine Menge Spaß gehabt.

Im Grunde hatte Williams jetzt drei »Erwekkungsfilme« hintereinander gedreht. In »Good, Morning, Vietnam« hatte er die Soldaten erweckt, im »Club der toten Dichter« die Schüler und jetzt in »Zeit des Erwachens« kranke Menschen. Hat das etwas mit seinem eigenen Leben zu tun und seinem eigenen Erwachen? Gibt es da Zusammenhänge? »Ja, ich hatte mein eigenes Erwachen. Eine Kombination aus Therapie, einer wunderbaren Beziehung und zwei Kindern hat mir geholfen aufzuwachen. Ein kleines Kind spielen zu sehen, läßt einen die Dinge anders sehen. Es ist wie eine Droge – befreiend. Meine Therapie hat mir geholfen zu erkennen, daß mein Charakter auch noch andere Seiten hat, als immer lustig zu sein. Man muß auch einmal furchtsam und linkisch sein dürfen. Aber ich habe nicht bewußt nach solchen Themen gesucht. Die drei Drehbücher kamen auf mich zu und waren einfach wunderbar. Sie haben diesen Aspekt der Erweckung. Aber was mich in allen Fällen anzog, war die Menschlichkeit dieser Geschichten.«

»Zeit des Erwachens« war ein anderes Kaliber als »Club Paradise«. Die Kritiken waren fast durchweg gut, besonders De Niro und Williams wurden gelobt. Manchen war der Film eine Spur zu rührsehlig, doch wenn man bedenkt, daß es sich um eine wahre Geschichte handelt, hatten die Filmemacher den Ton richtig getroffen. An der Kinokasse wurde der Film eher zwiespältig aufgenommen, aber mit einem solchen Thema dreht man ohnehin keinen Mega-Hit.

Abgefahrene Techno-Komödie:
»*Cadillac Man*«

Die Verkäufer von Autos, das weiß der Mann von Welt, lügen wie gedruckt. »Die meisten Menschen glauben, daß sie von Autohändlern grundsätzlich beschissen werden. Selbst wenn sie den elegantesten und teuersten Wagen kaufen, haben sie immer das Gefühl, daß sie irgendjemand über den Tisch ziehen will.« Robin Williams weiß, wovon er spricht, denn sein Vater war lange Zeit in der Autobranche beschäftigt. »Mein Vater arbeitete bei Lincoln,« erinnert er sich, »das war eine großartige Zeit. Jeden Monat kam er mit einem brandneuen Continental nach Hause. Als er dann eines Tages plötzlich mit einem Station Wagon, einem Kombi, auftauchte, wußten wir, daß er gekündigt hatte.«

Der australische Filmemacher Roger Donaldson, Regisseur von »No Way out«, »Cocktail« und »Die Bounty«, stammt wie Williams ebenfalls aus einem Haus, dessen Herr mit Autos zu tun hatte. »Mein Vater war ein Autoverkäufer, der in meiner Jugend oft haarsträubende Geschichten von seiner Arbeit erzählte, und irgendwann kam mir der Gedanke, einen Film aus der Sicht des Verkäufers zu drehen.« Die Idee reifte zu einem Konzept, und

Williams als Autoverkäufer Joey O'Brian in ›Cadillac Man‹ – sein Überzeugungstalent wird er noch brauchen

zusammen mit dem Drehbuchautor Ken Friedman entwickelte der Regisseur die Geschichte zu »Cadillac Man«.

Im Mittelpunkt dieser Komödie steht der Autohändler Joey O'Brian, ein Mann, der sich mit Leib und Seele dem Verkauf verschrieben hat. Für Donaldson war von Anfang an klar, daß nur ein Mann in Frage kam für diese Rolle: Robin Williams.

Als das Projekt anlief, telefonierte der Australier mehrmals mit Williams und sprach mit ihm über die Möglichkeiten, Joey zu spielen. Donaldson erinnert sich an das erste Treffen: »Wir waren beide in New York und trafen uns zu einer Besprechung im Carlyle Hotel. Über eine Stunde lieferte mir Robin eine One-Man-Show, und als ich das Hotel verließ, war ich vom ständigen Lachen total erschöpft. Ich dachte bei mir, hoffentlich entscheidet er sich, diesen Film zu machen, und gottseidank tat er es.«

Für Robin Williams gab es mehrere Beweggründe, das Angebot anzunehmen. Natürlich spielte auch die Erinnerung an den Beruf des Vaters eine Rolle: »Mein Vater war sehr stolz auf die wundervollen Autos, die in jenen Tagen vom Band liefen. Es brachte ihn zur Verzweiflung, als die Dinge sich änderten und statt Form plötzlich Qualität gefragt war. Er liebte Autos wirklich, genau wie Joey O'Brian.« Darüberhinaus faszinierte Williams, welchen Stellenwert das Auto in der amerikanischen Gesellschaft einnimmt und welche soziologischen Rückschlüsse sich daraus ergeben: »Die meisten amerikanischen Männer machen ihre ersten sexuellen Erfahrungen mit 16, also ungefähr zu dem Zeitpunkt, wo sie auch ihr erstes Auto bekommen. Vielleicht liegt es daran, daß viele Männer ihre Wagen wie eine Frau behandeln.«

Um sich auf seine Rolle als »Cadillac Man« vorzubereiten, besuchte er Autohändler in New York und Los Angeles, ließ sich in die Verkaufstechniken einweihen, hörte gespannt den Anekdoten der Verkäufer zu und brachte selbst so manchen Wagen an den Mann. Der prominente Autohändler bleibt nicht lange unbekannt: »Eines Tages kam ein Mann mit seiner Frau in den Verkaufsraum und rief: Schau mal Liebling, wer hier Autos verkauft. Es ist dieser Kerl, Mork. Was ist los, Kumpel, laufen die Geschäfte nicht gut? Der letzte Film war wohl ein Flop? Hast dein ganzes Geld in den Sand gesetzt? — Wundervolle, unglaubliche Geschichten sind mir widerfahren.«

Bei seinem Studium der Autobranche sammelte Williams wertvolle Informationen, die sich als sehr nützlich erweisen sollten, um die Rolle des Joey auszufüllen. »Alle Verkäufer, die ich getroffen habe, glauben wirklich an das, was sie verkaufen. Diese Erkenntnis war für mich ungeheuer wertvoll, denn genauso stellte ich mir Joey vor. Er handelt nur mit brandneuen Teilen, Spitzenmodellen, Klasseautos, kein gebrauchter Schrott. Du kannst ein Auto von Joey kaufen oder Thailand füttern. Du hast die Wahl.«

Während Robin Williams unter der Fuchtel der

echten Verkaufsprofis stand und dabei Sprüche und Tricks lernte, waren Regisseur Donaldson, Produzent Charles Roven und Produktionsdesigner Gene Rudolf auf der Suche nach einem geeigneten Drehort. Schauplatz sollte auf jeden Fall New York sein, der Stadtteil spielte keine Rolle. Rudolf erklärte das Ziel: »Wir wollten auf jeden Fall bei einem echten Autohändler drehen und besuchten deshalb Hunderte von Verkaufsplätzen, an manchen wurde noch gearbeitet, andere waren bereits stillgelegt. Wir suchten auch leere Straßenecken, um notfalls eigene Kulissen aufzubauen.« Fündig wurde das Team schließlich in Queens. Dort war das Unternehmen Bayer-Cadillac gerade dabei, in ein neues ultramodernes Gebäude umzuziehen. Das ursprüngliche Verkaufsgelände schien dem Produzenten geradezu ideal: »Das Areal entsprach genau den Vorstellungen des Drehbuchs. Wir mußten an den Verkaufsräumen kaum etwas ändern.« Glücklicherweise erklärte sich die Firma Bayer bereit, das Gelände zur Verfügung zu stellen.

Nachdem der Vertrag unter Dach und Fach war, konnten die Dreharbeiten beginnen, und ein Tag im Leben des Autohändlers Joey O'Brian nahm seinen Anfang. Es sollte ganz und gar kein Tag wie jeder andere werden...

Die Sonne lacht über New York und Autoverkäufer Joey O'Brian fährt mit offenem Verdeck zur Arbeit. Vorbei an einer Trauergemeinde, die am Straßenrand zum Stehen gekommen ist. Aus dem Motorraum des Leichenwagens dringt dichter

Qualm. Probleme mit dem Wagen? Joey sieht sich berufen, helfend einzugreifen. Der Bestatter ist verzweifelt, die Witwe nervös. So hat sie sich die letzte Fahrt ihres Gatten wahrlich nicht vorgestellt.

Joey hält an und hilft dem Fahrer den Sarg auf die Ladefläche eines Kleinlasters umzuladen. Freilich, ohne Eigennutz macht sich Joey die Hände nicht schmutzig. Der Leichenwagen hat schon etliche Jahre auf dem Buckel, mit einem neuen Modell wäre die Panne nicht passiert. Das sagt Joey dem Bestattungsunternehmer auch. Ein neues Auto scheint dringend notwendig. Wie günstig, daß sein Arbeitgeber am Wochenende einen Sonderverkauf durchführt. Äußerst günstige Preise und ein Sonderbonus von 500 Dollar – an der Steuer vorbei, versteht sich – wirken überzeugend. Der Bestatter schiebt sich Joeys Visitenkarte in die Tasche.

Dieser Erfolg läßt den smarten Verkäufer leichtsinnig werden. Vieleicht, denkt er sich, läßt sich auch die Witwe von seiner Überredungskunst überzeugen. Schließlich bereitet ein neuer Wagen seinem Besitzer viel Freude, und möglicherweise ließe sich so der Schmerz über den Verlust des Ehemannes etwas mildern. Moralische Skrupel wischt er beiseite: »Schließlich glauben die meisten Leute sowieso, daß Autoverkäufer der letzte Dreck sind.« Recht hat er. »Junger Mann, versuchen Sie mir gerade ein Auto zu verkaufen?« Kurzes Zögern: »Ja.« »Sie sind der letzte Abschaum.« Die Visitenkarte landet zerrissen auf der Erde.

Normalerweise steckt Joey solche Schlappen weg. Heute aber scheinen sich alle und alles gegen ihn verschworen zu haben. Die nächste schlechte Nachricht erwartet ihn in der Firma. Zwei Wirtschaftsprüfer haben das Autohaus gründlich unter die Lupe genommen und sind zu dem Schluß gekommen, daß sich der Ertrag des Unternehmens erheblich steigern ließe, wenn die Personalkosten drastisch gekürzt würden. Big Jack, der Chef, hat sich einen perfiden Plan ausgedacht. Wer am Sonderverkaufstag nicht mindestens ein Dutzend Autos an den Mann bringt, ist seinen Job los. Zwölf Wagen an einem einzigen Tag – das scheint selbst dem Verkaufsgenie Joey ein kaum zu bewältigendes Soll.

Den Gedanken daran, wie er diese gigantische Aufgabe bewältigen soll, muß Joey allerdings erst einmal verschieben, denn die nächsten Stunden gehören seiner Geliebten Joy. Und die fordert seine ganze Aufmerksamkeit.

Neben dem Verkaufen sind Frauen die zweite große Leidenschaft des Joey O'Brian. Eine Leidenschaft, an der auch seine Ehe mit Tina scheiterte. Und nun die Affäre mit Joy, einer verheirateten Frau, die mehr im Sinn hat als nur unkomplizierten Sex. Sie träumt davon, ihren reichen, aber dämlichen Ehemann zu verlassen, um mit Joey einen neuen Anfang zu wagen. Das wiederum behagt dem ganz und gar nicht. Nicht nur, daß er Joys Schoßhündchen – eine häßliche, ständig kläffende Promenadenmischung nicht ausstehen kann, darüberhinaus müßte er die Liaison mit einer jungen Modedesignerin beenden. Der Gedanke bereitet ihm Unbehagen, ganz zu schweigen davon, daß er keine Lust verspürt, sich erneut vor den Traualtar zu stellen.

Sein Treffen mit Joy verläuft wie erwartet. Sie nölt herum, spricht von Scheidung und wie schön es wäre, wenn Joey einer Ehe zustimmen würde. Doch der hat ganz andere Probleme. Binnen vierundzwanzig Stunden soll er zwölf Autos verkaufen... Das erste Opfer seiner genialen Verkaufstaktiken wird ein Antiquitätenhändler, den Joy und Joey während ihres nachmittäglichen Einkaufsbummels aufsuchen. Die Millionärsgattin interessiert sich für eine ebenso teure wie geschmacklose Vase. 3000 Dollar soll das gute Stück kosten. Das Verkaufsgespräch verläuft ganz nach Joeys Geschmack. Nicht nur, daß er die Vase um einen Tausender billiger ersteht, am Ende ist der Antiquitätenhändler stolzer Besitzer eines neuen Autos.

Den Rest des Tages verbringt Joey damit, alte Freunde und Bekannte aufzusuchen, ihnen vom Sonderverkaufstag in seinem Autohaus zu berichten. Sein erster Besuch gilt Ex-Frau Tina, die ihm ahnungslos berichtet von den Sorgen, die ihr die gemeinsame Tochter Lisa bereitet. Wie nicht anders zu erwarten, kommt es zwischen den ehemaligen Eheleuten zum Streit, den Joey dadurch schlichtet, daß er Tina 500 Dollar mehr Unterhalt pro Monat verspricht. Erst als er schon wieder die Tür hinter sich schließen will, bittet er Tina, ihren Bruder von der Billigpreis-Aktion zu unterrichten.

Joey steckt ohnehin bis über beide Ohren in Schwierigkeiten – doch bald geht es ums nackte Überleben

Nach anfänglichem Zögern willigt sie ein.

Nach diesem eher unerfreulichen Auftritt steht Joey noch ein schwerer Gang bevor. Zwanzigtausend Dollar schuldet er seinem alten Kumpel, dem Mafia-Boß Frankie Dipino. Der alten Freundschaft wegen und weil Joey Frankies nichtsnutzigem Sohn Tony einen Wochenendjob im Autohaus verschafft hat, blieb er von den Schlägern des Mafioso bislang verschont. Das allerdings soll sich bald ändern, lange will der Gangster nicht mehr warten. Joey steckt in der Klemme, was ihn aber nicht davon abhält, Frankie ebenfalls den Erwerb eines neuen Autos nahezulegen, zu besonders günstigen Preisen, versteht sich. Der Sonderverkaufstag steht an.

Am nächsten Tag ist es schließlich soweit. Nachmittags zieht Joey erste Bilanz: Drei Autos hat er verkauft, seine Kollegin Molly schon sechs, Kollege Benny aber erst zwei. Little Jack Turgeon, der Junior-Chef des Autohauses, legt Joey nahe, sich anzustrengen, er würde ihn gern als Mitarbeiter behalten. Joeys Nervosität nimmt zu und steigert sich ins schier Grenzenlose, als mitten in einem Verkaufsgespräch Joy und ihr Ehemann auftauchen. Der gehörnte Millionär, der nichts von der Beziehung zwischen seiner Frau und Joey weiß, möchte seine Gattin mit einem neuen Auto beglücken. Doch bevor Joey ein Modell vorschlagen kann, bricht die Hölle los. Zuerst klingelt das Telefon. Aufgelöst berichtet Ex-Frau Tina, daß Tochter Lisa die Nacht über nicht nach Hause gekommen ist, und noch bevor Joey richtig antworten kann, kracht ein Motorradfahrer durch die Schaufensterfront, rappelt sich auf und ballert mit einer Maschinenpistole in die Decke.

Angestellte und Kunden werfen sich sofort flach auf den Boden, Panik macht sich breit. Wer ist der Irre, der unschuldige Menschen beschießt? Schnell stellt sich heraus, daß es sich um Larry handelt, den Ehemann der Sekretärin Donna. Larry verdächtigt seine Frau nicht zu Unrecht des Ehebruchs, allerdings ist es nicht Joey, sondern Little Jack Turgeon, der mit der hübschen Büromaus eine erotische Beziehung pflegt. Das allerdings weiß Larry nicht. Und so bedroht er erstmal alle Menschen, die sich in den Verkaufsräumen aufhalten.

Es dauert nicht lange, und vor dem Haus tauchen Streifenwagen mit Blaulicht und Sirene auf. Der von Wut getriebene Larry bekommt es mit der Angst zu tun. Angst ist ein schlechter Ratgeber, das erkennt Joey als erster, und so verwickelt er den Geiselnehmer in ein Gespräch, bevor der irgendjemanden verletzen kann. Larry entpuppt sich als nicht gerade helle, zum Glück für Joey. Mit guten Worten gelingt es ihm, Larry zu überreden, die Frauen gehen zu lassen.

Inzwischen ist auch das FBI aufgetaucht und damit eine Horde schwerbewaffneter Scharfschützen, die nichts anderes im Sinn haben, als dem rabiaten Ehemann ein Loch in den Pelz zu brennen. Doch da sei Joey vor. Seinem raffiniertem Taktieren verdankt es Larry, daß die Polizei nicht mit allen Mitteln eingreift. Joeys Verhandlungsgeschick führt auch dazu, daß Larry die Geiseln nach und nach laufen läßt. Am Ende schafft es Joey sogar, Larry zur Aufgabe zu bewegen. Die Sache scheint schon gelaufen, als plötzlich doch noch ein Schuß fällt und Larry verletzt zu Boden stürzt. Doch glücklicherweise handelt es sich um keine lebensgefährliche Wunde.

Das Drama bringt für Joey, dessen Lage vorher privat wie beruflich aussichtslos schien, eine glückliche Wendung. Zwar ist er Joy und seine Designer-Freundin losgeworden, dafür hat Tina ihre Gefühle für ihn wiederentdeckt. Mafioso Frankie hat seinen Sohn wohlbehalten zurückbekommen und dankt dies, indem er Joey alle Schulden erläßt. Auch der Chef des Autosalons, Big Jack Turgeon, will von einer Kündigung nichts mehr wissen und garantiert seinem besten Verkäufer eine Lebensstellung. Ende gut, alles gut.

Das fand auch Regisseur Donaldson, dessen Erwartungen an Robin Williams während der Dreharbeiten nicht enttäuscht wurden. »Mit Robin dauerte der kreative Prozeß so lange, wie sich ein Film in der Kamera befand. Man konnte nie sicher sein, wohin ihn die Stimmung einer Szene treiben würde.« Um sich keinen von Robins spontanen Einfällen entgehen zu lassen, drehte Donaldson nahezu alle Szenen mit zwei Kameras gleichzeitig. Darüberhinaus war ein dritter Mann mit der Steadycam, einer beweglichen Kamera, Williams ständig auf den Fersen.

Co-Star Tim Robbins, der den Larry verkörperte, zeigte sich ebenfalls vom Hauptdarsteller begeistert: »Robin ist ein begnadeter Schauspieler, der seinen Partnern sehr viel gibt und sie in ihrem Spiel unterstützt, wo er nur kann. Gute Komödien entstehen vor allem dann, wenn die Charaktere zusammenpassen und -wirken. Und das ist uns, glaube ich, gelungen.«

Die internationale Presse schloß sich dem Urteil nur zu gerne an. Während der Film selbst mit meist mäßigen Kritiken bedacht wurde, fand die Darstellung von Robin Williams fast nur Beifall. So schrieb beispielsweise W.O.P. Kistner in der »Münchner Abendzeitung:« »Robin Williams empfiehlt sich einmal mehr als filigraner Darsteller mit Pfiff und Thrill.« Die »Süddeutsche Zeitung« lobte: »Wenn es darum geht, sich um Kopf und Kragen zu reden, ist Robin Williams die Idealbesetzung.« Und das »New York Magazine« kürte den Schauspieler sogar zu einem der »größten amerikanischen Komiker aller Zeiten.«

Die wichtigste Rolle:
»König der Fischer«

In der Chefetage der Columbia-Studios in Hollywood war man lange Zeit gar nicht gut auf Regisseur Terry Gilliam zu sprechen. Nachdem er das Produktionsbudget bei »Die Abenteuer des Barons Münchhausen« weit überschritten hatte und der Film an den Kinokassen nur einen Bruchteil seiner Herstellungskosten einspielte, durfte man sicher sein, daß Gilliam bei Columbia keinen Fuß mehr in die Tür bekommen würde. Als dann aber die Produzentinnen Lynda Obst und Debra Hill das Drehbuch »The Fisher King« von Richard LaGravanese in die Hände bekamen und von ihrem Studio den Auftrag erhielten, daraus einen Film zu machen, schlugen sie Gilliam als Regisseur vor. Zwar hatte das Management bei Columbia seit »Münchhausen« gewechselt, aber der Name Gilliam stand immer noch auf der Schwarzen Liste. Obst und Hill erinnern sich an das Gespräch mit den Studiobossen, als sie ihren Favoriten vorschlugen: »Die hielten uns für verrückt.« Erst nach langen, zähen Verhandlungen signalisierte das Studio sein Einverständnis, allerdings nicht ohne strikte Auflagen. Gilliam mußte versprechen, die Innenaufnahmen in Los Angeles

Williams als »reiner Tor« Parry in ›König der Fischer‹

zu drehen und »nicht der aufsässige Bohemien zu sein, der er ist", wie Obst es ausdrückte. Gilliam bekam den Job und ein Budget von 24 Millionen Dollar.

»Als mir mein Agent das Drehbuch von ›The Fisher King‹ zuschickte, dachte ich, daß es ein sehr interessantes Stück sei,« erinnert sich Gilliam. »Ich verstand die Charaktere sofort und dachte, das ist einfach zu machen — ich suche mir eine gute Besetzung und fertig ist die Chose. Und dann plötzlich sprach der Dämon zu mir und sagte: »Geh' raus und mach das.« Gilliams Dämon materialisierte sich in den Personen Debra Hill und Lynda Obst. »Es war klar, daß er starke Produzenten brauchte,« sagt Hill. »er wollte keinen neuen Münchhausen machen. Er suchte Leute, die ihm sagten, was möglich und was nicht möglich war.«

In der Vergangenheit wurden die Werke von Terry Gilliam als große spektakuläre, visuell komplexe Special-Effects-Filme kritisiert, in denen die Charaktere eine sekundäre Rolle spielten. Mit »Der König der Fischer« wollte Gilliam etwas Gegenteiliges machen. »Es war schon merkwürdig. Ich habe allen Leuten gesagt, daß dies kein ›Münchhausen‹ und kein ›Brazil‹ wird, aber niemand wollte mir glauben. Ich verbrachte viel Zeit damit, den Film am Boden zu halten, keinen typischen Gilliam-Film daraus werden zu lassen.« Doch das Skript von Richard LaGravanese wies durchaus Parallelen zu Gilliams früheren Filmen auf. Da gibt es Charaktere, die ihre verrückten Visionen auf andere übertragen, eine Romanze, die in Wirklichkeit viel schwieriger und schmerzhafter abläuft als in der Phantasie und schließlich den Roten Ritter, der stark an den Samurai-Krieger in »Brazil« erinnert. Der Stoff schien also genau auf die Sensibilität und das Einfühlungsvermögen von Terry Gilliam zugeschnitten zu sein. Und so kam es dann auch. Gilliam: »Jedermann, ausgenommen ich selbst, wollte einen Gilliam-Film haben. Ich weiß nicht genau, aber ich glaube, sie haben einen bekommen.«

Für die Rolle des Parry, des Geschichtsprofessors, den die Tragödie seines Lebens auf die Straße getrieben hat, hatte Gilliam sofort Robin Williams im Auge. Die beiden kannten sich von den Dreharbeiten zu »Die Abenteuer des Barons Münchhausen«, wo Williams einen kleinen Gastauftritt als König des Mondes absolvierte. »Wie jeder Komödiant ist Robin nervöser, als andere Schauspieler, wenn es darum geht sich darzustellen. Wie fast jeder Komiker benutzt er die Komödie als Selbstverteidigungsmechanismus, damit niemand erkennt, was er wirklich denkt, oder wie er wirklich fühlt. Meine Aufgabe war es, sicherzustellen, daß Robin sich wohl und sicher genug fühlte, daß es ihm keine Probleme bereitete, die Verletzlichkeit des Charakters sichtbar werden zu lassen. Das war gar nicht so einfach, denn er ist unablässig in Bewegung und entwickelt ständig neue Ideen, so daß ich hauptsächlich damit beschäftigt war, ihn abzuhalten, Dinge zu tun, die er nicht tun mußte.« Während Gilliam für die Rolle des Parry nur an Robin Williams dachte, war er sich anfangs gar nicht sicher, welchen Schauspieler er für die zweite Hauptrolle — die des Jack Lucas — engagieren sollte. »Als ich mich das erste Mal mit Robin traf, sprachen wir nur darüber, wer Jack spielen sollte. Ich war der Auffassung, daß es kein Schauspieler sein durfte, der auf dem gleichen Level wie Robin arbeitet. Es durfte kein lustiger und kein cleverer Mann sein.« Die Idee, Billy Crystal zu nehmen, wurde schnell wieder verworfen. Der Stoff schien Gilliam zu ernst, als daß er es wagen konnte, zwei Komiker daran zu beteiligen. »Was mir an der Idee gefiel, Jeff Bridges zu besetzen, war die Tatsache, daß das Publikum ihn liebt. Wir konnten einen richtigen Arsch aus ihm machen und die Zuschauer würden ihn dennoch mögen. Ich gebe aber zu, daß mir vor allem die Vorstellung gefiel, daß niemand es gewagt hätte, einen überheblichen, eiskalten New Yorker Radio-DJ mit Jeff zu besetzen.«

Schon in seinen früheren Werken zeigte Gilliam, daß er nicht davor zurückschreckte, ungewöhnliche Besetzungslisten zu erstellen. So arbeitete er in der Vergangenheit gern mit weitgehend unbekannten Charakterdarstellern, die meist frisch vom Theater kamen. »König der Fischer« markiert das erste Werk des Regisseurs, in dem große Stars in großen Rollen spielen. Mit Robin Williams und Jeff Bridges hat er sich zwei Männer herausgesucht, wie sie unterschiedlicher kaum sein können. Doch das hatte der Regisseur beabsichtigt, denn die Verbindung der beiden basiert auf Schuld, Mißtrauen und Angst und, anders als in den herkömmlichen Kumpel-Filmen, treffen sie die ersten zehn Minuten des Films nicht aufeinander. Die Wahl seiner Hauptdarsteller erklärt Gilliam so: »Robin und Jeff ergänzen sich prächtig. Robin spielt den impulsiven Part, er verkörpert die pure Energie, Jeff den nachdenklichen, den präzisen Typ.«

Williams genoß die Arbeit unter Gilliam: »Terry hat mich in vielerlei Hinsicht befreit. Er nahm mir die Angst, Dinge zu probieren, die ich noch nie getan hatte. Das beste aber war, daß ich plötzlich keine Angst mehr davor hatte, nichts zu tun, einfach einen Moment zu stoppen und diesen Augenblick zu nutzen, um Kraft zu sammeln.« Williams, das Energiebündel, das ständig in Bewegung sein muß, gezähmt von Terry Gilliam? Regisseure wie Donaldson und Levinson nutzten die fiebrige Komik von Robin, indem sie ständig eine Kamera hinter ihm herschickten. Auf dieses Spiel ließ sich Gilliam nicht ein. Er zwang dem Improvisations-Genie, dem — wie er sich selbst nennt — Workaholic, Disziplin auf, wie es scheint mit Erfolg. Die amerikanische Presse jedenfalls überschlug sich fast vor Lob und schrieb: Robin Williams war noch nie besser.

»Robin mußte sich bewußt werden, daß, wenn Komik vorkommt, sie auf Schmerz basiert,« erklärt Gilliam. »Und er spielte sich die Seele aus dem Leib, wuchs über sich hinaus, da flossen Tränen. Es war einfach ... Whoa! Jeff dagegen ging in seiner Rolle vollkommen auf. Er und Robin sind vollkommen gegensätzlich. Ich glaube, daß Robin und ich manchmal etwas einfacher, schlichter vorgegangen wären, aber Jeff ließ das nicht zu. Was wieder dazu führte, daß Robin ganz anders spielte als sonst. Robin konnte gar nicht komisch, clever und schnell sein. Jeff bremste ihn genau im richtigen Augenblick. Das war atemberaubend anzusehen.«

Worum aber geht es in »König der Fischer« eigentlich? Gilliam sagt, daß es »im wesentlichen um die Suche nach dem Heiligen Gral im New York des 20. Jahrhunderts geht.« Der Heilige Gral, ein religiöser Mythos, bei dem der Bewacher des Grals durch Leiden, durch psychischen Schmerz zur Erkenntnis gelangt. Und dieses Leiden wird erst zu Ende sein, wenn ein Mensch auftaucht, der Mitgefühl zeigt. Schon einmal, während seiner Zeit bei der britischen Komiker-Truppe Monty Phyton, beschäftigte sich Terry Gilliam mit diesem Mythos. Der Film hieß »Die Ritter der Kokosnuß« und schilderte die Suche nach dem Heiligen Gral als Farce, als Komödie. Mit »König der Fischer« nähert sich Gilliam diesmal dem Thema ernsthafter und respektvoller. Der leidende Jeff Bridges gelangt durch die Begegnung mit dem Narren Robin Williams zur Erkenntnis und Erlösung:

Schwarzes Leder, Zigarettenqualm, Kaffee. Jack Lucas, die Nummer 1 in New York, putscht sich auf. He's got the Power. Seine Radiosendung ist der Hit am Hudson. Zwischen hartem Rock serviert Jack seinen Hörern die täglichen Grau-

Robin Williams in einer Drehpause

Die Begegnung mit Parry wird für Jack Lucas (Jeff Bridges) zum erlösenden Erlebnis

samkeiten des Lebens. Menschen, die anrufen und ihre Seele erleichtern, sind seine Opfer. Kaltschnäuzig reagiert Jack auf die Nöte frustrierter Hausfrauen mit Obszönitäten, auf politische Wirrköpfe feuert er seine zynischen Haßtiraden ab, und die armen, einsamen Verlierer der Gesellschaft straft er mit Verachtung. Jack ist Hip. Seine Porträts bestimmen das Bild der Stadt. Die Zähne zu einem verächtlichen Grinsen gefletscht, so kennen ihn die New Yorker von Bussen, Taxen und großflächigen Werbeplakaten.

Bald aber sollen sie ihn in ganzer Schönheit zu Gesicht bekommen. Er, die Stimme ohne Körper, soll seine eigene Fernsehshow bekommen. Hoch über Manhatten, in seinem High-Tech-Apartment, umgeben von Chrom und Leder, bereitet sich Jack auf seinen großen Auftritt vor. Plötzlich aber taucht sein Foto in den Spätnachrichten auf. Was war passiert? Edwin, einer jener ewigen Versager, der Jack regelmäßig in seiner Radio-Show angerufen hatte, war in eines der feinen Yuppie-Lokale in der Upper-East-Side gestürmt, hatte eine großkalibrige Schrotflinte aus dem Mantel gezogen und ein Blutbad angerichtet, bevor er seiner traurigen Existenz mit der letzten Kugel selbst ein Ende bereitete. Wie sich herausstellt, hatte offensichtlich Jack den Todesschützen durch einige unbedachte Bemerkungen zu seiner blutigen Tat getrieben.

Ein Jahr später ist von dem Glitzerknaben Jack Lucas nichts mehr übrig. Der Job beim Sender ist futsch, ebenso die TV-Show, die Luxuswohnung und die Limousine mit Chauffeur. Geblieben ist nur der Trost, dem ihn ein anderer Jack spendet: Jack Daniels. Edwins Amoklauf hat Jack Lucas gebrochen. Inzwischen haust er in einer heruntergekommenen Gegend und jobbt in einem Videoladen, der hauptsächlich durch die Umsätze in der Pornoabteilung lebt. Das Geschäft gehört Anna Napolitana, einer Frau mit einer gehörigen Portion Lebenserfahrung, die Jack liebt und hofft, daß er eines Tages wieder Tritt faßt und mit seiner Schuld zu leben lernt. Doch davon ist bislang wenig zu spüren. Im Gegenteil, vielmehr sieht es so aus, als würde Jack an seinen Depressionen und — schlimmer — an seinem Selbstmitleid zugrunde gehen. Als er wieder einmal volltrunken durch die Stadt torkelt, deren König er einst war, faßt er den Entschluß, seinem verpfuschten Leben ein Ende zu setzen. Vom Alkohol umnebelt, schleppt er sich zum Fluß, dorthin, wo die Penner hausen, knotet sich zwei schwere Steine an die Füße und ist bereit, ins Wasser zu springen, als er plötzlich im Scheinwerferlicht eines Autos steht.

Die beiden jungen Männer, die vor ihm stehen, führen nichts gutes im Schilde. Während der eine mit einem Baseballschläger herumfuchtelt und diabolisch grinst, schwenkt der andere lässig einen Benzinkanister vor sich her. Selbst in seinem desolaten Zustand wird Jack klar, daß er es hier mit zwei gemeingefährlichen Zeitgenossen zu tun hat, die ihn, den vermeintlichen Clochard, also den wertlosen Abfall der menschlichen Gesellschaft, beseitigen wollen. Wie besessen dreschen die beiden Gehirnamputierten auf den wehrlosen Jack ein und als er genug zu haben scheint, gießen sie Benzin über seinen ganzen Körper. Just in diesem Augenblick taucht hinter einem Schrottberg eine wundersame Gestalt auf, ein Ritter in Lumpen. Um ihn herum drei weitere furchteinflößende Gestalten, die Knüppel wie Schwerter schwingen und ein fürchterliches Gebrüll anstimmen. Ein kurzes Handgemenge und die beiden suchen ihr Heil in der Flucht.

Am nächsten Morgen erwacht Jack auf einer staubigen Pritsche, die in einem dunklen Heizungskeller steht. In seinem Schädel dröhnt es wie in einem Bienenschwarm, und anfangs fällt es ihm schwer, sich zu orientieren und zu erinnern. Doch als diese kleine, schmuddelige, stinkende Person neben ihm auftaucht wird ihm klar: Das ist sein Retter. Der gute Samariter stellt sich als Parry vor. Jack glaubt erst, daß er einen ganz gewöhnlichen Obdachlosen vor sich hat, aber als er die seltsamen Bilder und Zeichnungen an den Wänden des Kellerraumes entdeckt, schwant ihm Fürchterliches. Und tatsächlich eröffnet ihm Parry, daß er Jack für den Auserwählten hält, den Mann, der gekommen ist, um ihn vor dem Roten Ritter zu beschützen und ihm bei der Suche nach dem Heiligen Gral zu helfen. Ein Verrückter, mutmaßt Jack und ergreift die Flucht. Vor dem Heizungskeller trifft er aber den Hausmeister, mit dessen Einverständnis Parry in diesem Loch haust. Von ihm erfährt Jack, daß es sich bei Parry um einen ehemaligen Universitätsdozenten für mittelalterliche Geschichte namens Henry Sawyer handelt, der mit seiner Frau in diesem Haus lebte. Als das Paar eines Abends zum Essen aus war, stürmte ein Mann in das Lokal, schoß wie wild um sich und tötete unter anderem Henrys Frau. Monatelang lebte Henry in einer Art Trance, einem Schockzustand, der sich nie wieder besserte, bis er seine Identität ablegte und als Parry ins Leben zurückkehrte. Jack wird sofort klar, daß Henry ein Opfer von Edwin ist. Verstört kehrt er zu Anne in den Videoladen zurück. Dort gilt es erstmal ein Mißverständnis aufzuklären, denn seine Freundin glaubt, nachdem er die ganze Nacht nicht zu Hause war, daß er fremdgegangen ist. Nachdem das geklärt ist, schöpft Jack neue Hoffnung. Er weiß jetzt, daß er sich von seiner Schuld nur befreien kann, wenn er Parry hilft. Am nächsten Tag macht er sich auf die Suche nach seinem neuen Freund und stöbert ihn schließlich vor einem Bürogebäude in Manhatten auf. Dort lauert er auf seine Traumfrau, eine unscheinbare, farblose Erscheinung namens Lydia, die mit den Widrigkeiten des Lebens offensichtlich nur mühsam zurechtkommt. Für Parry jedoch ist sie die Edelfrau, der er als Ritter zur Seite stehen möchte. Nachdem die beiden Männer Lydia während ihrer Mittagszeit bewacht haben, drückt Jack Parry ein paar Dollar in die Hand, im Glauben, seine Schuld damit beglichen zu haben. Doch Parry verschenkt das Geld weiter. Wenn ihm Jack wirklich helfen will, erklärt er, soll er den Heiligen Gral retten, der sich in den Händen eines exentrischen Millionärs befindet. Jack versucht, ihm diese Schnapsidee auszureden, was aber nur dazu führt, daß Parry wieder von einer seiner schrecklichen Visionen vom Roten Ritter heimgesucht wird. Diese fürchterliche Gestalt, die nur er sehen kann, gilt es zu vernichten, was nur mit dem Heiligen Gral geschehen kann.

Im Verlauf des Tages führt Parry seinen Freund Jack in seine Welt ein. Da trifft er auf die Gestrandeten, die Ausgestoßenen und die Randfiguren der Gesellschaft, die ihr klägliches Dasein mit viel Mut und Phantasie bewältigen. Angesichts dieses Elends entschließt sich Jack zu helfen: Er wird Parry glücklich machen, indem er ihn mit seiner Traumfrau Lydia zusammenbringt. Jack und Anne entwerfen einen Schlachtplan. Es geht darum, Lydia in den Videoshop zu lotsen, wo sie angeblich einen Preis gewonnen hat. Im Laden soll sie dann von Parry bedient werden. Doch der telefonischen Übermittlung von ihrem Gewinn schenkt Lydia keinen Glauben, denn sie hat noch nie etwas gewonnen. Erst als Jack einen heruntergekommenen Entertainer als singendes Telegramm zu Lydia schickt, gelingt der Plan.

Tatsächlich taucht Lydia in der Videothek auf und sieht sich Parry gegenüber, den Jack als Angestellten verkleidet hat. Doch so richtig will der Funke nicht überspringen. Die linkische Lydia und der schüchterne Parry kommen sich nicht, wie erwartet, näher. Es bedarf offensichtlich noch eines kleinen Anstoßes. Aber wie? Der Zufall kommt zu Hilfe. Als Lydia fasziniert auf die perfekt manikürten Fingernägel von Anne starrt, packt Jack die Gelegenheit beim Schopf: Anne soll Lydias Nägel gestalten. Jacks Plan sieht vor, daß er und Parry wie zufällig während der Maniküre auftauchen und die beiden Frauen zum Essen einladen. Zuvor muß Parry allerdings noch entsprechend ausstaffiert werden. Jack holt einen seiner alten Anzüge aus dem Schrank und steckt Parry, nachdem er geduscht und geschrubbt wurde, hinein. Alles läuft perfekt. Zu viert geht man zum Essen. Das Dinner verläuft erfolgversprechend, und angesichts der Gefühle, die offensichtlich zwischen Lydia und Parry entstehen, knistert es auch wieder verstärkt zwischen Jack und Anne.

Nach dem Essen bringt Parry seine Flamme nach Hause, und damit er sich ein Taxi leisten kann, steckt ihm Jack seine Brieftasche zu. Doch das Pärchen will jede Sekunde des Zusammenseins genießen und entschließt sich zu einem Spaziergang. An Lydias Tür verabschieden sie sich schließlich mit einem zarten Kuß. Doch das neue Glück weckt die Erinnerungen an das Vergangene und an das schreckliche Ende. Der Rote Ritter ergreift wieder Besitz von Parrys Phantasien und hetzt ihn durch das nächtliche New York, bis unter die Manhatten Bridge, dem Schlupfwinkel der Obdachlosen. Dort warten die beiden Schläger, die schon über Jack hergefallen sind, auf neue Opfer. Als sie Parry entdecken, fallen sie über ihn her und schlagen ihn halbtot.

Jack hat inzwischen seinen Elan zurückgefunden. Nachdem er Parry den Weg geebnet hat, scheint seine Seele von der Last der Schuld befreit. Wie ein Wilder stürzt er sich in Aktivitäten. Als erstes ruft er seinen Manager wieder an und teilt ihm mit, daß er wieder arbeiten kann. Offensichtlich hat der tatsächlich einen Job für ihn. Eine neue Fernsehserie ist geplant, für deren Hauptrolle Jack prädestiniert wäre. Auch Anne ist aus dem Häuschen. Was sie solange erwartet hat, ist geschehen: Jack ist wieder der Alte. Doch hat er offensichtlich ganz andere Absichten, als Anne sich vorstellt. Während sie von einem Häuschen im Grünen träumt, zieht es ihn in sein altes Leben zurück, mit allem Komfort, aller Bequemlichkeit und ohne Verantwortung. Anne merkt schließlich, daß Jack nichts anderes im Sinn hat, als sie zu verlassen. Mitten in einer heftigen Auseinandersetzung klingelt das Telefon. Man hat Jacks Brieftasche bei einem Schwerverletzten gefunden. Im Krankenhaus erfahren Anne und Jack, daß Parry seine Verletzungen zwar überleben wird, aber in absehbarer Zeit nicht aus dem Koma erwachen wird. Jack ist verzweifelt, und als Anne ihn am Bett seines Freundes allein zurückläßt, scheint das Ende einer Liebe besiegelt.

Ein halbes Jahr später befindet sich Jack wieder in der Position, die er vor dem Amoklauf Edwins innehatte. Seine Radioshow steht wieder ganz oben, und auch die Aussichten, wieder im Fernsehen aufzutreten, sind nicht schlecht. Als ihm der TV-Produzent mitteilt, daß die geplante Fernsehshow von Obdachlosen handeln soll, fällt es Jack wie Schuppen von den Augen, daß er sich wieder auf dem besten Weg zu dem abgebrühten Zyniker von einst befindet. Fluchtartig verläßt er die Konferenz, um Parry im Krankenhaus zu besuchen und ihn um Absolution zu bitten. Doch der stumme Freund kann ihm nicht helfen. Mit einem Schlag wird Jack klar, was zu tun ist: Er muß den Heiligen Gral retten.

Im Schutz der Nacht klettert er in abenteuerlicher Verkleidung in das burgähnliche Gebäude des Millionärs Carmichael, in dem sich – Parrys Angaben zufolge – der Heilige Gral befinden soll. Mit einem Seil hangelt er sich an der Außenmauer nach oben, bis er ein Fenster findet, das nicht durch die Alarmanlage gesichert ist. Vorsichtig steigt er ein und schleicht sich in die Bibliothek, wo tatsächlich ein silberner Becher zwischen den Büchern steht. Enttäuschenderweise handelt es sich aber nur um einen Pokal, den der Hausherr irgendwann einmal gewonnen hat. Hauptsache, er erfüllt seinen symbolischen Zweck. Gerade als sich Jack aus dem Haus schleichen will, bemerkt er den Millionär, der röchelnd in einem Sessel schnarcht. Daneben liegt eine Packung Schlaftabletten. Ein Selbstmordversuch. Was tun? Ruft er die Polizei, bringt sich Jack selbst in Gefahr. Die Lösung ist einfach: Beim Verlassen des Hauses aktiviert er die Alarmanlage. Es klappt, und der Suizidversuch scheitert.

Noch in der gleichen Nacht begibt sich Jack ins Krankenhaus, wo er den vermeintlichen Gral dem schlafenden Parry in die Hände drückt. Danach sinkt er selbst erschöpft in den Schlaf. Als die Sonne ihn am nächsten Morgen weckt, sitzt er neben einem leeren Bett: Parry ist zu den Lebenden zurückgekehrt, sehr zur Freude von Lydia, die sich die ganze Zeit rührend um den Koma-Patienten gekümmert hatte. Jack hat nun nur noch eine Aufgabe zu erfüllen. Anne traut ihren Augen kaum, als Jack plötzlich vor ihr steht, einen kümmerlichen Blumenstrauß in den Händen hält und etwas von Liebe stammelt. Der Sprung zum Menschsein scheint geglückt. Fehlt nur noch die Schlußsequenz: Parry und John liegen nackt im Central Park und beobachten, wie die Wolken an den Sternen vorbeiziehen. Was braucht der Mensch mehr zum Glücklichsein?

Den »König der Fischer« zu inszenieren bedeutete für Regisseur Terry Gilliam eine riesige Herausforderung. »Ich wollte den Film in erster Linie machen, um zu zeigen, daß ich in der Lage bin, mit nur vier Darstellern zu arbeiten und dennoch gute Arbeit zu leisten. Die Geschichte läßt sich einfach beschreiben als der Versuch eines Mannes, einem Freund eine Verabredung zu verschaffen, um sich selbst weniger schuldig zu fühlen.« Seine Rolle in diesem Film beschreibt Robin Williams so: »Parry ist ein Mann, dessen Vergangenheit derart zerstört wurde, daß er nur überleben kann, wenn er eine neue Identität annimmt. Für mich eine sehr glaubwürdige Reaktion, denn solche post-traumatischen Streß-Syndrome führen in der Realität oft dazu, daß Menschen sich andere Identitäten schaffen. Parry ist eine solche Gestalt, mal Don Quichotte, mal Groucho Marx.«

Vom »Mork vom Ork« bis hin zur Rolle des Parry hat Robin Williams eine ungeheure Wandlung durchlebt. Mit jedem Film gelang es ihm, seine Bandbreite zu erweitern. Spätestens mit »Der Club der toten Dichter«, für den er seine zweite Oscar-Nominierung erhielt, hatte er den Sprung vom Stand-Up-Komiker zum ernstzunehmenden Charakterdarsteller bewältigt. In »König der Fischer« lieferte er wieder eine Oscar-reife Leistung, die ihm ein Angebot von Steven Spielberg einbrachte. Neben Dustin Hoffman sollte Robin Williams in »Hook« die Rolle des Peter Pan spielen.

Zwei Gastrollen und viel Privatleben:
Die Robin-Williams-Story III

Schon vor dem »König der Fischer« wirkte Robin Williams in einem anderen Film des Regisseurs Gilliam mit — dem Projekt eines deutschen Produktionsteams. »Die Grundidee von ›Münchhausen‹,« erläutert der Filmproduzent Thomas Schühly sein Projekt, »ist das große, spektakuläre Kinoabenteuer. Terry Gilliam und ich wollen den Zuschauer auf einen Trip schicken. Wir wollen ihn in die Welt der großen Phantasien zurückschießen, die wir in unserer Kindheit hatten. Terry hat immer gesagt: Den Film mache ich für meine beiden Töchter. Wenn er ihnen gefällt, dann gefällt er allen.« Mit diesem Gedanken hatte Gilliam auch Williams dazu bewegen können, in dem Film mitzuspielen. Es sollte auch ein kleiner Vorgeschmack sein auf die schon beschriebene Rolle in Gilliams damals noch in Planung befindlichen »The Fisher King«.

»Frei, endlich frei, endlich frei. Ein Kopf braucht keinen Körper, um überleben zu können«, frohlockt Robin Williams als entleibter König des Mondes in Terry Gilliams »Die Abenteuer des Barons Münchhausen«. Eine wunderbare, lustige Szene, die viele leider gar nicht gesehen haben, denn so gut, wie er es verdient hätte, liefen Schühlys Phantasien in den Kinos leider nicht. Williams ist auch nur für Eingeweihte erkennbar, so sehr ist er mit Perücke und gepudertem Gesicht verändert. Im Abspann des Films wird er nicht einmal erwähnt — er tat es aus Freundschaft zu dem hervorragenden Regisseur Terry Gilliam, in dessen Film »Brazil« Robert De Niro eine ähnliche Minirolle gehabt hatte.

Als sich die 80er Jahre dem Ende zuneigen, dreht sich für Williams das Karussell wieder schneller. Seine Filme laufen wesentlich besser als in den Jahren zuvor, seine Comedy-Shows sind besser und ausgebuchter denn je, sein Live-Auftritt in der Metropolitan-Opera als Komödiant läßt ihn auch im letzten Winkel der USA zum Superstar werden. »Good Morning, Vietnam« und »Club der toten Dichter« brachten ihm Oscar-Nominierungen, doch gewonnen hat er noch keinen. »Als ich von der Nominierung für ›Club der toten Dichter‹ erfuhr, war ich gerade in meiner Wohnung in San Francisco. Irgendjemand rief an und erzählte es mir, ich weiß gar nicht mehr wer. Ich ging raus auf den Balkon und schrie. Irgendein Nachbar, der seine Blumen goß, sagte ›Was zum Teufel ist los mit Ihnen, Mann?‹ Wie es war, als ich von der Nominierung für ›Vietnam‹ erfuhr, weiß ich nicht mehr.«

Bei der Oscar-Verleihung 1988 durfte er auch auf die Bühne, denn er überreichte den Oscar an einen der großen Sieger dieses Jahres, an Bernardo Bertolucci für dessen Film »Der letzte Kaiser«. Aber viele Fans, Regisseure und Produzenten waren sicher — wenn er so weitermachte, würde er bald selbst mit einer Wortkanonade einen Oscar entgegennehmen ...

Wenn ihn die Midlife-Crisis nicht packte. »Wie bitte, da bin ich doch längst durch«, sagt er allen, die es hören möchten, »in den letzten fünf, sechs Jahren habe ich das wohl ein bißchen erlebt. Wann kommt die Krise eigentlich? Mit 40 oder was? Ich denke, ich habe genug gebumst in meinem Leben, wenn Sie das meinen. Ich habe das ›sport-fucking‹ reichlich erforscht und bin damit durch. Vielen Dank. Und verrückt war's zudem. Die Intimität ging dabei allerdings völlig verloren.«

Robin Williams, der in schweren Zeiten von seiner Frau Valery Zuneigung und Hilfe erfuhr, hatte sich mit ihr nach neun Ehejahren auseinandergelebt — die Intimität war verlorengegangen. Wie es geschah und auf welche Weise sich die Presse diesem Vorgang genähert hat, hat sein Leben mehr durcheinandergebracht als die Sache an sich. Die Zeitschrift »People« hatte nämlich Mitte 1988 geschrieben:

»Nachdem ihn Alkohol und Drogen besiegt haben, ist er nun in eine Liebesaffäre mit dem Kindermädchen seines Sohnes verstrickt — seine Frau sagt verbittert: ›Ich tue alles, um Unheil von meinem Sohn abzuwenden‹.«

Für viele Leser, die sich nicht weiter in den Artikel vertieften, war das eine schlimme Form von Ehebruch, die eine seelisch kranke Frau und eine zerstörte Kinderpsyche auf der Strecke ließ. Erst mitten im Text stand, wie sich Williams und Marsha Garces, das »Kindermädchen«, wirklich näherkamen und wie das mit Valerie war — aber das interessierte die Öffentlichkeit natürlich nicht mehr. Robin Williams war verärgert über den Artikel, legte sich aber lange Zeit absolutes Stillschweigen auf. »Kein Kommentar«, verlautete von seiner Agentur. Und er zeigte »Poeple«, wie Stars sich wehren können. Fast alle seine prominenten Freunde verweigerten künftig die Zusammenarbeit mit dem Magazin. Der Chefredakteur des Blattes war durch diesen Prominenten-Boykott so aufgestört, daß er erklärte, sein Blatt sei zu weit gegangen. Er entschuldigte sich öffentlich bei Williams für die unfaire reißerische Aufmachung des Titelbildes, meinte aber auch: »Jeder, der alles gelesen hat, weiß, daß das ein großartiger Kerl ist.«

Erst Anfang 1991, mit einem Abstand von fast drei Jahren, kommentierte der Komiker die unselige Geschichte: »Man soll nicht alles glauben, was man liest. Diese Artikel haben mir wirklich richtig gestunken. Marsha war kein bißchen daran beteiligt, daß meine Ehe auseinanderbrach. Sie versorgte meinen Sohn für ein Jahr, während ich mit Valerie glücklich verheiratet war. Nachdem ich und Valerie bereits über ein Jahr auseinander waren, wurde Marsha meine Assistentin, wenn ich auf Tournee war. Erst da hat es zwischen uns gefunkt.«

Den Einfluß von Marsha Garces auf sein heutiges Leben bezeichnet er allerdings als riesengroß:

»Es ist ihr gelungen, mir dabei zu helfen, mein Leben von meiner Karriere zu trennen. Sie macht mich glücklich. Sie ist eine erstaunliche Frau, eine freundliche, große Seele mit einer tiefgehenden Intelligenz. Sie half mir enorm. Ich habe viel zu viel Arbeit, und sie hilft mir nein zu sagen — das provokativste Wort in ganz Hollywood. Sie ließ mich realisieren, daß Prominenz eine Droge sein kann ... und wie Sie wissen, habe ich mit Drogen nichts mehr zu tun.«

Mit ihr hat Robin Williams eine Tochter, die inzwischen drei Jahre alt ist, und es soll nicht das letzte Kind sein ...Die Kinder sind, wie wir inzwischen wissen, der wichtigste Lebensinhalt Williams, wichtiger als seine Arbeit. Sohn Zachary aus der Ehe mit Valerie kann den Vater mit seinen acht Jahren ganz schön nerven: »Meistens ist er ja ganz zivil, aber manchmal ist er ein teuflischer kleiner Bursche. Aber man muß eben wissen, daß es manchmal ganz schön beschissen sein kann, ein kleiner Junge zu sein, und so viele Dinge machen zu müssen, die man gar nicht machen will.« Wie der Vater, so der Sohn? »Der Bengel ist sarkastisch und ironisch, manchmal direkt böse. Neulich hat er eine alte ›Mork and Mindy‹-Episode angesehen und spielte dann Filmkritiker — er hat den Daumen nach unten gezeigt! Auch die Kleine ist nicht schüchtern. Wenn sie mich morgens weckt, haut sie mir an den Kopf und sagt: ›Steh jetzt auf‹. Sie kann so schreien, daß sogar die Katzen sie am liebsten umbringen würden. Diese Stimme kann man nur noch mit Fingernägeln vergleichen, die eine Wandtafel entlangkratzen.« Was für ein Vater ist Robin Williams? »Das ist sehr komisch. Manchmal bin ich vom Geist meines eigenen Vaters besessen und rede sogar wie er. Aber tatsächlich versuche ich das Beste von meinen Eltern den eigenen Kindern mitzugeben und anderes wiederum anders zu machen. Ich spiele viel. Ich will weiter arbeiten, aber nicht feststellen müssen, daß die Kinder schon im College sind und ich sie bloß zu Weihnachten sehe.«

Welche seiner Rollen kommt ihm eigentlich als Mensch am nächsten? »Das ist sicher der Psychiater in ›Zeit des Erwachens‹ — der hat mehr von mir als manche andere Rollen. So ähnlich war ich in manchen Zeiten als Kind. Auch der verrückte Psychiater in ›Dead Again‹ hat etwas von mir — er zeigt eher meine ärgerliche Seite. Das Wunderbare am Schauspielen aber ist doch, daß man von jeder Rolle ein bißchen in sich hat. Selbst von einem wahnsinnigen Axtmörder. Aua...«

In »Dead Again«, dem Film des Regisseurs Kenneth Branagh, der 1990 mit seinem Film »Henry V.« einen beachtlichen Erfolg hatte, spielt Robin Williams ebenfalls eine kleine Rolle. Kurz die Story:

Eine hübsche junge Frau engagiert Mike Church, einen zynischen Privatdetektiv, der die Erben von Vermögen aufspürt oder verschollenen Personen nachjagt, um deren Identitäten festzustellen. Ein exzentrischer Antiquitätenhändler mit Hypnose-Fähigkeiten erklärt sich bereit, gegen eine Belohnung bei der Aufklärung solcher Fälle zu assistieren. Das Ergebnis dieser Zusammenarbeit ist verblüffend, und schnell findet sich Church in die schlimmste Mordserie verwickelt, die es in Los Angeles jemals gab. Branagh spielt die Hauptrolle des Church selbst, seine Ehefrau Emma Thompson spielt das Gedächtnisschwund-Opfer.

Robin Williams spielt in einer längeren Szene einen früheren Psychoanalytiker, der jetzt im Supermarkt Dosen stapeln muß und auf das Karma der Reinkarnation pfeift.

Seine Hauptaufgabe ist das Erfinden von Aphorismen wie »Schicksal ist die einzige tragische Kraft mit einem Sinn für Humor«. Die Presse, zum Beispiel die Zeitschrift »American Film«, lobte den Film sehr und führte das Ausbleiben einer breiten öffentlichen Kritik auf »zwei clevere Strategien« zurück: »a) indem er streng am Drehbuch klebte und schmutzige Ausdrücke vermied und b) indem er die wenigen schmutzigen Ausdrücke Robin Williams in den Mund legte.« Eher philosophisch ist das ebenfalls von Williams offengelegte Credo des ganzen Films: »Es gibt mehr Leute auf der Welt, die an vorherige Leben glauben als solche, die das nicht tun.« Das »Los Angeles Magazine« geht noch weiter und fragt sich: »Wie hat Branagh Williams für den Film gekriegt? Niemand weiß es, aber was immer sie ihm bezahlt haben, er war sein Geld wert allein dafür, daß der Kerl den folgenden Satz sagt: ›Leute, die versuchen, mit dem Rauchen aufzuhören, sind echte Schlappschwänze, die nichts abkönnen.‹« Der Reporter ging noch weiter und meinte, Wil-

Robin Williams in der Fernsehinszenierung von Saul Bellows Stück
›Seize the Day‹

liams stehle den anderen Mitwirkenden an diesem Film schlichtweg die Show.

Das führt zu der Frage, ob Robin Williams jemals zu weit gegangen ist mit seinen Witzen und zurückstecken mußte. »Man kann nie zu weit gehen. Nicht-offensive Komödie ist nutzlos. Komödie interessiert nur, wenn sie auch angreift. Früher habe ich immer mal wieder versucht, mich zurückzuhalten, aber man muß nur selbstsicher genug sein, dann kann man alles machen.«

Neben seinen Erfahrungen mit der improvisierten Komödie und dem Film zog es Williams auch immer wieder einmal zum ernsten Theater.

Ein Stück, Saul Bellows »Seize the Day«, wurde von Fielder Cook fürs Fernsehen abgefilmt. Die Geschichte, die nach einem Gedicht aus dem Ersten Weltkrieg geschrieben wurde und davon handelt, daß viele junge Männer mit großer Begeisterung in den Krieg ziehen, der sie später durch Gas umbringt, bewegte Williams und machte Spaß zugleich. »Man muß auch so etwas machen«, kommentiert er.

Ein weiteres »ernstes« Theaterstück spielte er mit einem seiner Komikerkollegen. Samuel Bekketts »Warten auf Godot« wurde 1990 mit Williams und Steve Martin von Regisseur Mike Nichols inszeniert und in New York am Lincoln Center aufgeführt — mit riesigem Erfolg.

Ohne jeden Zweifel — Robin Williams hat die Palette seiner persönlichen Erfahrungen in den letzten Jahren immer mehr erweitert. Fast nichts, das er in darstellerischer (und jeder anderen Hinsicht) nicht ausprobiert hätte und fast nichts, das ihm im Rückblick nicht gelungen wäre. Robin Williams ist im Laufe der Jahre an seinen Aufgaben gewachsen.

Die öffentliche Person Robin Williams hat in den letzten Jahren auch verstärkt umwelt- und sozialpolitische Aufgaben übernommen. Zum einen ist da sein Engagement für den weltweit bedrohten Regenwald, für den er sich mit vielen anderen Künstlern gemeinsam einsetzt, zum anderen ist er ein Gründungsmitglied der gemeinnützigen Gruppe »Comic Relief«, die den immer zahlreicher werdenden Obdachlosen Amerikas hilft. Zusammen mit den Kollegen Whoopi Goldberg und Billy Crystal informiert er über dieses Problem, ruft zu Spenden auf und spendet selbst — der Kabelsender HBO hilft dabei. »Als erwachsener Mensch mit einem sozialen Bewußtsein kann man nicht die Augen verschließen und trotzig etwas anderes spielen.«

Spielberg und das neue Superprojekt: *»Hook«*

Nach einer Reihe von Filmen mit ernsten Themen war Robin Williams froh über ein neues, heiteres Thema, das ihm, dem junggebliebenen Komiker, der inzwischen sein drittes eigenes Kind erwartete, eine wieder andere Erfahrung bringen sollte.

»Alle Kinder, mit einer Ausnahme, werden groß...« — dieses Zitat aus dem berühmten Buch »Peter Pan« ist weltberühmt. Kein anderer als der selbst ewig junge Regisseur Steven Spielberg wäre geeigneter gewesen, diese Geschichte des schottischen Dichters J.M. Barrie, der von 1867 bis 1938 lebte, zu verfilmen. In den USA allerdings ist die Geschichte Peter Pans noch populärer, nicht zuletzt wegen der legendären Zeichentrick-Verfilmung aus den Disney-Studios. Weil sie in Deutschland nicht jeder kennt, hier noch einmal kurz der Inhalt:

Peter ist ein etwa elfjähriger Junge, der dem Erwachsenwerden unbedingt entkommen will — er möchte gerne Kind bleiben. Doch das geht nicht in unserer Welt, und so bleibt nur das Nimmerland, in dem es böse Piraten, gute Feen und viele Dinge gibt, die sonst unmöglich wären. Dort lebt er schließlich mit einer Gruppe anderer Kinder, den »verlorenen Kindern«, und wächst nicht weiter. Doch nicht nur das Wachstum bleibt aus, auch sein Schatten ist ihm abhanden gekommen, und so macht er sich mit einer Freundin, Wendy Darling, und deren Brüdern auf den Weg, den Schatten wiederzufinden. In endlosen Kämpfen, besonders gegen den Piraten-Kapitän »Hook«, werden sie von der guten Fee Tinkerbell beschützt, doch zum Schluß bleibt Peter im Nimmerland und die Darlings müssen wieder zurück, was allerdings bedeutet, daß sie weiterwachsen werden. Immerhin – Wendy verspricht, Peter einmal im Jahr zu besuchen.

Das Drehbuch von Steven Spielbergs »Hook« greift die Geschichte auf und stellt sich zunächst vor, daß Peter Pan doch nach Hause zurückgekehrt ist und dort im Laufe der Jahre vergessen hat, wie schön es im Nimmerland war. Er heißt jetzt Peter Banning, ist ein erfolgreicher Rechtsanwalt und Manager, der mit seiner Frau Moira zwei Kinder hat, aber nie Zeit für diese Kinder findet. Er ist ein Workaholic, ein Yuppi, der den Kontakt zum Wunderbaren völlig verloren hat. In seiner Welt aus Geld und Karriere ist kein Platz für das Kind in ihm, das zu den abenteuerlichsten Orten fliegen kann, wann immer es will. Doch das Schicksal wird ihn herausfordern und zwingen, wieder ein Kind zu werden, denn seine eigenen Kinder werden von einem uralten Erzfeind aller Kinder entführt und in ein weit entferntes Land gebracht. Jetzt wird Peter Banning gezwungen, seine Ängste und die verinnerlichte technokratische Welt abzustreifen und selbst ins Nimmerland zurückzukehren, um dort die Feen, Meerjungfrauen und blutdurstigen Piraten wiederzutreffen, mit denen er vor vielen, vielen Jahren zu tun hatte. Hier in diesem verzauberten Reich muß er sein Leben in die Waagschale werfen, um nicht nur seine Kinder wiederzuerhalten, sondern auch selbst wieder das Kind zu werden, das er einmal war. Regisseur Spielberg: »Peter Pan mit 40 Jahren, der vergessen hat, was und wer er einmal war — Hook aber, im Nimmerland, hat nicht vergessen und erinnert sich natürlich an Peter. Er entführt dessen Kinder, um ihn zu sich zu locken und einen letzten Kampf gegen ihn auszufechten. Die verlorenen Kinder und die gute Fee Tinkerbell müssen ihm erneut aus der Patsche helfen.«

»Hook« ist ein epischer Fantasy-Film über Unschuldige in Gefahr und Unschuldige, die gerettet werden, eine Geschichte von verlorenen Kindern, die sich dem Älterwerden verweigern, eine Geschichte von Piraten, die keine Gnade zeigen, die Geschichte einer wundervollen Welt, in der es gleich zwei Sonnen und sechs Monde gibt und nicht zuletzt die Geschichte einer Familie, die gegen die Versuchung des Bösen kämpft, um nicht auseinandergerissen zu werden.

Jim V. Hart und Malia Scotch Marmo schrieben das Drehbuch nach dem Original-Theaterstück und den Büchern von Barrie und beantworteten damit die Frage, was geschieht, wenn »der Junge, der nie erwachsen werden will«, das eben

Ein neuer Kindertraum – Robin Williams als Peter Pan in ›Hook‹

doch wird. Die Idee faszinierte Spielberg, denn er hatte lange nach einer Möglichkeit gesucht, Barries Stoff zu verfilmen. »Denn ich bin ja selbst Peter Pan, mit Vierzig. Ich war es immer, wollte nie erwachsen werden. Deshalb wollte ich auch diesen Film machen. Das ist genau der richtige Film für mich, denn zu dieser Figur habe ich schon immer eine unglaubliche Nähe gespürt. Der Film handelt nicht nur von jemandem, der hart an sich arbeitet, sondern auch von jemandem, der seine Imagination auf dem Weg zum Erwachsenwerden verliert. Das geht leider vielen so. Es ist vielleicht auch heute noch richtig, was Barrie damals sagte: ›Das Leben... ist ein verdammt großes Abenteuer‹.« Spielberg hatte geplant, die Geschichte bereits vor mehr als sieben Jahren zu verfilmen. Doch damals sollte es nichts weiter sein als eine Live-Umsetzung des klassischen Disney-Hits — wir erinnern uns, daß Michael Jackson für die Hauptrolle im Gespräch war. Es sollte eine Version werden, die sich absolut treu an die Disney-Vorlage hielt. Doch dann ließ er die Idee wieder fallen, denn einiges konnte damals nicht einmal im Drehbuch verwirklicht werden, und außerdem riefen andere Projekte. Aber Spielberg und seine Teamkollegen Kathleen Kennedy und Frank Marshall behielten es im Hinterkopf. »Wir wollten nicht noch ein Remake eines Klassikers«, erzählt Kathleen Kennedy, »aber als wir von dieser wundervollen Idee eines erwachsenen Peter Pan erfuhren, dachten wir, daß es Identifikationsmöglichkeiten für jedermann geben könne, wenn wir das Skript weiterentwickeln würden«. Das war die Idee dieses Films — Kinogänger von sechs bis 96 Jahren sollten als Zuschauer kommen. Dustin Hoffman, der den Piratenkapitän spielt, war auch schon für die erste Version im Gespräch gewesen, Robin Williams aber wurde von Spielberg erst für die neue Produktion gefragt.

Er akzeptierte die Rolle sehr gerne und erklärte: »Ich spiele den ultimativen Yuppie, den eiskalten Geldhai, der glaubt, daß man mit Geld alles kaufen kann. Er hat alles, was man sich vorstellen kann, die entsprechenden Spielzeuge, den Job, die Macht, aber er hat das Gefühl für das Wertvollste verloren, das ein Mensch haben kann — er hat seine Familie vergessen. Und fast genau so wichtig — er hat seine Zeit als Peter Pan vergessen und all die Energie, die er als Kind aufbrachte, um im Nimmerland gefährliche Abenteuer zu bestehen, dafür aufgewendet, nun Kohle zu machen. Statt der verlorenen Kinder, führt er nun die verlorenen Top-Manager an.« Im Detail: »Wissen Sie, die Geschichte ist ein Exorzismus, der Egozentriker treibt seinen Teufel aus. Denn es gibt auch eine richtig dunkle Seite am Original-Peter Pan, die Disneys süßlicher Schmalzfilm ausgelassen hat. Haben Sie's gelesen? Im Buch tötet Peter genüßlich vierzehn Piraten, das ist kein netter kleiner Kerl. Vergessen Sie nicht, er hat Captain Hook richtig fertiggemacht. Er kümmert sich um niemanden, außer um sich selbst. Das ist der Peter Pan aus dem Buch, und den spiele ich — 30 Jahre später.«

Er lacht laut und erzählt weiter: »Gegen Ende des Buchs entscheidet er sich, Wendy zu besuchen. Sie ist eine alte Frau und für einen kurzen Moment nimmt er ein Messer 'raus und tötet ihr Kind. Das ist wirklich kein einfacher kleiner Junge. Macauly Culkin könnte den nicht spielen« ...

Mitte Februar 1991 begannen die Dreharbeiten in den Culver-Studios und den Sony-Studios (die ehemaligen MGM-Studios). Schon Monate vorher hatte der Aufbau der gigantischen Kulissen dieses superteuren Films begonnen. Der Designer John Napier hatte in enger Zusammenarbeit mit Spielberg die Hintergründe und Kulissen gezeichnet und bauen lassen. »Nimmerland ist ein Ort der Imagination«, erklärt Spielberg, »nicht etwa ein dreidimensionaler Ort irgendwo auf der Erde. Am zweiten Stern rechts und dann bis zum Morgen geradeaus, sagte James Barrie, der auch nicht erklärte, wie diese Welt aussah. So mußten wir das unserer Phantasie überlassen.« Hunderte von Arbeitskräften bauten das Piratenschiff »Jolly Roger«, die Kaimauern, andere Schiffe und die gesamte Kinder-Phantasiewelt, in die vier Jahreszeiten nur durch eine windgetriebene Achterbahn voneinander getrennt waren. Die Spielplätze der Kinder im Nimmerland sind natürlich von gigantischen Ausmaßen, und die Kinder spielen nicht mit Seifenkisten, sondern rasen mit superschnellen Skateboards durch die Gegend. Ihr Schlafcamp ist irgendwo auf dem fünfhundert Meter hohen Nirgendbaum, der in einer anderen Stu-

Hätten Sie ihn erkannt? Verwandlungskünstler Dustin Hoffman spielt den berüchtigten Kapitän Hook. Bald hat er auch Peter Pan am Kanthaken

diohalle aufgebaut wurde. Dort treffen die verlorenen Kinder Peter Banning und helfen ihm, seine Vergangenheit als Peter Pan wiederzufinden.

Tonnen von frischer Erde, Hunderte exotischer Pflanzen, seltene Tiere wie Flamingos, Biber und Störche gestalteten die Atmosphäre lebendig. Ein ausgeklügeltes System von Drähten und Kränen, kombiniert mit der innovativen »flying camera«, sorgte dafür, daß die komplizierten Flugaufnahmen von Williams und seinem Widersacher Ruffio, dargestellt von Dante Basco, von hervorragender Qualität wurden.

Ein paar Zahlen am Rande: Insgesamt 300 000 laufende Meter Holz wurden verbaut und mit fast 100 000 Litern Farbe bemalt. 260 Tonnen Gips wurden verarbeitet, 20 Kilometer Seile verlegt und 2 Millionen Liter Wasser benötigt. In insgesamt sechs großen Studiohallen waren die Hauptkulissen aufgebaut, Halle 27 beherbergte das Piratenschiff und den Hafen — eine der imposantesten Filmkulissen, die jemals in Hollywood errichtet wurden. »Es waren Leute hier, die erinnerten sich an die Szenen zu dem Film ›Das zauberhafte Land‹, der in den 30er Jahren in den gleichen Studios gedreht wurde«, sagte Produzentin Kathleen Kennedy. »Die meinten, so etwas hätten sie in ihrem ganzen Leben noch nicht gesehen.

Das Schiff, nach einer Original-Fregatte aus dem 19. Jahrhundert modelliert, war fast 60 Meter lang, 10 Meter breit, 25 Meter hoch und schwamm in einem nur einen Meter tiefen Wasserbassin. Auch hier war ein kompliziertes Netz von Drähten und Kameragalgen aufgebaut, denn hier spielte sich der Endkampf zwischen Peter Pan und Kapitän Hook ab. Stunt-Koordinator Gary Himes war von Spielberg beauftragt worden, sich jede Menge filmischer Seeräuberschlachten anzuschauen, um sich inspirieren zu lassen. »Insgesamt spielten in der Szene, in der das Schiff geentert wird, 175 Stuntleute mit — das ist, glaube ich, die größte Stunt-Show in der Geschichte Hollywoods. Wir mußten mehr bieten als die Klassiker, wir mußten es sicher tun, und ich darf sagen, daß sich niemand verletzt hat während der Dreharbeiten.«

Auch nicht Dustin Hoffman und Robin Williams, die natürlich selbst agierten in fast allen Szenen. Nur einige wenige Male wurden sie von Stunt-Doubles ersetzt. Keith Campbell und Keith Tellez hießen die beiden Profis, die für die Superstars den Kopf hinhielten. Im Gegenzug dafür unterhielt Robin Williams mal wieder die gesamte Crew mit improvisierten Späßen, wann immer Drehpause war.

Williams mußte sein komplettes Outfit einige Male verändern, denn zwischen dem geldgeilen Karrieretypen von Anfang des Films und dem heroischen Retter Peter Pan ist auch äußerlich ein gewaltiger Unterschied. Je nach Drehplan mußte er mehrfach täglich die Klamotten wechseln, denn leider kann man solche teuren Filme nicht chronologisch drehen. »Das Schönste an den

Dreharbeiten allerdings war das Fliegen«, schwärmt Williams. »Es dauerte einen Moment, bis ich mich okay fühlte im Angesicht des sicheren Todes, aber es wurde von Tag zu Tag leichter. Es kam so weit, daß ich aus dem Fluggeschirr nicht mehr rauswollte. Es war eine echte Befreiung. Wie eine Droge. 20 Meter über dem Studioboden entlangzutaumeln, bringt dich dazu zu sagen ›Das habe ich nur geträumt‹.« Nur bei einer Landung torkelte Williams etwas kompliziert zu Boden, so daß sich Dustin Hoffman Spielberg zuwandte: »Weißt du, wir hätten diese Szene drehen sollen, bevor der Typ vierzig wurde.« Alle lachten und erinnerten sich gern an die wunderbare Party zum 40. Geburtstag, die Robin am Wochenende vorher für alle Freunde und die »Hook«-Mannschaft in seinem großen Haus im Napa Valley gegeben hatte.

Wer Williams in »König der Fischer« nackt auf der Wiese gesehen hat, wird sich wundern, wo in »Hook« seine enorme Körperbehaarung geblieben ist. Ein Junge, der nie erwachsen werden will, läuft eben nicht mit solchem Pelz durch die Gegend. Williams zu »cinema«: »Also ich finde, ich habe wirklich ein bißchen zu viele Haare am Körper.« Für »Hook« mußten sie ohnehin abrasiert werden, zwei Mal an manchen Tagen.

Den Endkampf zwischen Hook und Pan komplett aufzunehmen, dauerte mehrere Wochen. Die beiden Hauptdarsteller und Spielberg arbeiteten die Szenenfolge immer wieder um, bis sie wirklich echt aussah. In einem Moment zum Beispiel

»nagelt« Hoffman Williams mit dem Degen regelrecht gegen ein steinernes Rad, mit dem Klingen geschärft werden, und echte Funken sprühten nur Zentimeter von Williams' Gesicht.

»Was mich sehr fasziniert hat«, erzählt Williams, »war, daß man irgendwann nicht mehr das Gefühl hatte, in einer Filmkulisse zu sein. Nimmerland war eine Welt für sich. Ich hätte schwören können, wenn ich da rein kam, Stimmen von kleinen Wesen gehört zu haben, die nett zu mir waren. Kleine Krümelmonster, kein Zweifel.« Und Spielberg: »Es war eine eigene Welt, die wir schufen. Wie bei ›Vom Winde verweht‹. Das Historische um uns herum war stark und ermutigend.«

Peter Pans gute Fee Tinkerbell wird von Julia Roberts gespielt, jener jungen Darstellerin, die für ihre Rollen in »Magnolien aus Stahl« und »Pretty Woman« oscar-nominiert wurde. Ihre Mitwirkung war überschattet von der Absage ihrer Hochzeit mit Kiefer Sutherland. Hat Robin Williams davon etwas mitbekommen? »Wir am Set haben sie damit in Ruhe gelassen. Ich meine, niemand hat gesagt, ›Hey, warum ging das schief, ich will mein Geschenk zurück‹. Nein, ich hab' nicht erwartet, daß ich meins wiederkriege.« Er hat großes Verständnis für Julias private Situation: »Man darf nicht vergessen, daß das arme Mädchen ja erst 23 ist und dafür ein Leben unter dem Mikroskop lebt. Ich habe eine ganze Menge verrückter Dinge getan, als ich in ihrem Alter war. Das hat aber niemanden interessiert, weil ich nicht berühmt war. Sie hat mir erzählt, daß sie eines Tages aus ihrem

Haus ging, und da stand auf ihrer Schwelle ein Fotograf, der sie fotografieren wollte. Das ist doch nicht normal. Sie rief die Polizei, und der Mann wurde gezwungen, ihr Grundstück zu verlassen. Er ging ans Gartentor und packte das dicke Teleobjektiv aus. Mann, wir müssen die Badezimmertür zumachen, verstehen Sie?«

Julia Roberts hatte bei »Hook« anfangs damit Probleme, im Film nur gut 20 Zentimeter groß zu erscheinen: »So richtig realisiert habe ich das erst, als jede Szene mit der Spezialeffekt-Mannschaft gedreht werden mußte. Ich flog nämlich viel durch die Gegend, und man mußte mich an Drähten herumbugsieren. Ich hatte sehr viel auf Dinge zu reagieren, die eigentlich gar nicht da waren«. Immer wenn sie vor Peter Pan alias Robin Williams herumflog oder auf seiner Schulter saß, hatte sie bestenfalls einen Fernseher vor sich oder ein übergroßes Requisit unter sich, aber: »Steven hat mir diese Szenen erleichtert, denn er hat einen großartigen Sinn für Humor und kennt seine Figuren.« Viele von Julia Roberts' Szenen fanden also vor der Blue-Screen statt, so daß man sie später in den Film leicht einkopieren konnte. »Ich sagte Steven, er hätte eine kleinere Darstellerin nehmen sollen«, alberte sie herum, als die Fachleute von Georges Lucas' Firma ›Industrial, Light and Magic‹ sie an Drähten zum Fliegen aufhingen.

Mit Dustin Hoffman kam Williams hervorragend aus, auch wenn er am Anfang Berührungsängste hatte: »In der ersten Woche hatte ich die

Befürchtung, er könne mich an die Wand spielen. Aber tatsächlich half er mir, wo er konnte, und wollte mit mir nicht in den Darsteller-Wettkampf treten. Ich hatte davor eine Scheiß-Angst und dachte dauernd ›Warum kann ich nicht den Hook spielen‹?«.

Hoffman selbst war sich anfangs seiner Rolle nicht ganz sicher, wußte aber: »Steven Spielberg würde daraus etwas ganz Besonderes machen.« Und zur Rolle selbst: »Hook ist böse. Aber er ist einer der ehrlichsten Charaktere des Films. Fast niemals lügt er. Er kann verführen und scherzen, aber er will unbedingt seinen Plan ausführen und gegen Peter Pan kämpfen, denn der hat ihn damals seine Hand gekostet.« Dustin Hoffman mußte zugeben, daß er nie zuvor in seinem Leben »Peter Pan« gelesen hatte, »nicht einmal mit meinen Kindern«. Ein wesentlicher Charakterzug von Hook besteht für ihn darin, »daß der Kapitän für viele der verlorenen Kinder das ist, was die Eltern aus irgendwelchen Gründen nicht sein können oder nicht sein wollen. Er erzählt ihnen die Wahrheit über sie selbst und ihre Eltern. Er ist nicht einfach böse, er versucht, ihre Gefühle nicht zu verletzen. Aber er erzählt schon die Wahrheit.« Bevor man mit den Dreharbeiten begonnen hatte, war der Charakter von Hook noch einmal verändert worden. Zunächst hatte man versucht, aus ihm eine komische Figur zu machen, aber dann war man doch davon überzeugt, daß sie besser funktionieren würde, wenn man ihn furchteinflößend darstellen würde. »Steven nannte ihn einen

›Champagner-Gauner‹, einen, den man liebt, aber vor dem man auch Angst hat«, beschreibt Williams seinen Gegenpart im Film und erklärt noch einmal, was Dustin Hoffman so fantastisch machte: »Dieser Mann ist eine Waffe, kein Spielzeug. Vor dem hat man Angst, denn er ist ein tödlicher Captain, der seine Leute terrorisiert.«

Auch mit seinem Regisseur Steven Spielberg verstand sich Williams ausgezeichnet: »Ich hatte gehört, er würde seine Darsteller wie Marionetten gängeln. ›Stell dich hier hin, Stückchen nach vorne, nach links‹ — halt ein mechanisch orientierter Typ, der nur seine Spezialeffekte unterbringen will. Aber er war brillant, eine wandelnde Filmenzyklopädie. Es konnte geschehen, daß ich ihm einen Satz vorschlug und er sagte: ›Vergiß' es. Das sagen sie schon in dem und dem Film.‹« Spielberg über seinen Hauptdarsteller: »Die härtesten Szenen für ihn waren die als überdrehter Manager zu Beginn des Films. Am Anfang war da immer noch so viel Robin und Peter Pan drin, daß ich ihm gesagt habe: ›Beweg'dich nicht, keine Reaktion, nichts sagen — langweile mich‹. Und dann machte er es, obwohl hinter seinen Augen etwas nicht Unterdrückbares, etwas Lustiges lag und rauswollte. Doch das gab ihm diesen magischen Touch, daß da noch etwas zu erwarten war von ihm. Großartig.«

Die verantwortlichen Bosse der Firma TriStar, die den Film drehen ließen, hofften natürlich, daß — wenn »E.T.-Der Außerirdische« der Film war, für den Spielberg geboren wurde — »Hook« der Film würde, für den er aufwuchs... Robin Williams abschließend über »Hook«: »Der Film erinnert einen daran, daß man zu seinen Kindern eine echte Beziehung aufbauen sollte. Die Zeit, die man mit ihnen verbringt, ist so wertvoll und geht so schnell vorbei. Und bei dieser Gelegenheit kann man entdecken, daß es wunderbar ist, gleichzeitig erwachsen und ein Kind zu sein.« Er vergleicht seinen Vater mit Peter Banning. »Der war nämlich so ähnlich: ständig unterwegs. Ich kenne dieses Gefühl des Verlusts.« Und wie wir inzwischen wissen, gibt sich Williams größte Mühe, für seine eigenen Kinder häufiger dazusein. Das gelang ihm auch während der Dreharbeiten zu »Hook«. Jeden Tag fuhr er von seinem Haus in den Hügeln von Los Angeles zu den Dreharbeiten ins Reich der Phantasie – und abends wieder nach Hause in die reale Welt zu Kindern und Ehefrau.

Inzwischen ist der Film schon ein Riesenerfolg. Die Kritiken dagegen waren unterschiedlich. Das »Time«-Magazin ging nicht eben freundlich mit »Hook« um. »Zu vollgestopft«, befand der Kritiker – doch genau das war ja Spielbergs Absicht. »Von den rund 70 Millionen Dollar Produktionskosten sieht man jeden auf der Leinwand«, schrieb dagegen das Branchenblatt »Variety«. »Auch wenn sich der Zauber eines Films wie ›E.T.‹ leider nicht einstellt – Williams spielt seine Rolle großartig.« Wenn ein Film polarisiert, daß heißt, seine Kritiker in Befürworter und Gegner teilt, spricht das natürlich für den Film. Interessant aber, daß an Williams Talenten niemand rüttelt.

Wie sieht die Zukunft aus für Robin Williams? Wird er weiter auf seine Improvisationsgabe bauen? Wird er weiter ernste Filme machen? Oder wird er versuchen, beides bestmöglich zu verbinden?

Ganz sicher ist nur, daß sein Privatleben weiterhin oberste Priorität hat (in San Francisco hat er sich kürzlich ein weiteres Haus mit Blick über die Bucht gekauft), daß er nie wieder Fernsehfilme oder -serien drehen, immer auf dem Teppich bleiben will und trotzdem »nie den leichten Weg gehen möchte.«

Ein halbes Dutzend Filme von Williams befinden sich im Stadium der Vorbereitung, während »Hook« gerade in den Kinos läuft.

Paul Mazurskys Fortsetzung zu »Moskau in New York« wird, nachdem nicht nur der kalte Krieg, sondern auch der gesamte Kommunismus am Ende ist, sicher eine spannende Sache.

»Toys« (»Spielzeuge«) wird von »Good Morning, Vietnam«-Regisseur Barry Levinson inszeniert werden und ist die Geschichte eines Generals, der eine Spielzeugfabrik übernimmt – eine surreale Komödie (die sich vielleicht mit der Zukunft Norman Schwarzkopfs befaßt?).

Danach könnte wieder ein sehr ernstes Werk kommen: Williams wird nämlich aller Voraussicht nach den ermordeten Bürgerrechtler Harvey Milk spielen, der sich in San Francisco für die Rechte der Homosexuellen einsetzte. »JFK«-Regisseur Oliver Stone wird diesen Film mit dem Titel »Mayor of Castro Street« hoffentlich weniger pathetisch einfärben als sein dreieinhalbstündiges Opus über den Mord an Präsident Kennedy.

Dann ist ein Film im Gespräch, der wieder stärker auf Williams' komische Talente zurückgreift. »Becoming Human« soll die von Bill Forsyth inszenierte Sammlung von Episoden um die menschliche Evolution sein.

Ein weiteres Projekt, an dem Williams mitwirken wird, ist ein Walt-Disney-Zeichentrickfilm — der Komiker wird in der Originalversion dem Wunderlampen-Besitzer Aladin seine Stimme leihen.

Zum Abschluß noch ein Wort von Robin Williams, um noch einmal zusammenfassend zu erklären, warum der früher so scheue Komiker und Schauspieler heute so aus sich herausgehen kann und damit immensen Erfolg hat: »Es ist eigentlich ganz, ganz leicht, Peter Pan zu sein, zu fliegen und zu kämpfen. Ich fühlte mich tatsächlich wie ein kleiner Junge. Und ich weiß jetzt wirklich ganz genau, warum Peter niemals erwachsen werden wollte: Alles, was er tut, macht einfach so verdammt viel Spaß!«

Alle Filme auf einen Blick

1977 Richard Pryor Show (TV-Auftritte)
The Great American Laugh-Off (TV-Auftritte)
Laugh-In (TV-Auftritt)
1977 Happy Days (Fernsehserie)
1978 Mork vom Ork (Mork and Mindy/Fernsehserie)
1980 Popeye (Popeye), Regie: Robert Altman
1982 Garp und wie er die Welt sah
(The World according to Garp), Regie: George Roy Hill
1983 Die Überlebenskünstler
(The Survivors), Regie: Michael Ritchie
1984 Moskau in New York
(Moscow on the Hudson), Regie: Paul Mazursky
1986 Rocket Man (Best of Times), Regie: Roger Spottiswoode
1986 Club Paradise (Club Paradise), Regie: Harold Ramis
1986 Robin Williams Live at the Met, HBO-Special
1987 Good Morning, Vietnam
(Good Morning, Vietnam), Regie: Barry Levinson
1987 Seize the Day (nach dem Stück von Saul Bellow)
Regie: Fielder Cook

1988 Die Abenteuer des Barons Münchhausen
    Regie: Terry Gilliam
1989 Club der toten Dichter
    (Dead Poets Society), Regie: Peter Weir
1990 Cadillac Man (Cadillac Man), Regie: Roger
    Donaldson
1990 Zeit des Erwachens (Awakenings), Regie:
    Penny Marshall
1991 König der Fischer (The Fisher King), Regie:
    Terry Gilliam
1991 Dead Again, Regie: Kenneth Branagh
1992 Hook, Regie: Steven Spielberg

Bibliographie

- Andersen, Kurt; A Peter Pan for Yuppies; Time, 1991
- Ansen, David; King of Comedy; Artikel in: Newsweek, 1986
- Corliss, Richard; Playtime for Gonzo; Artikel in Time, 1987
- Grunwald, Lisa; Robin Williams has big Premises; Artikel in: Esquire, 1989
- Karp, Alan; On Location with the Best of Times; Artikel in Box-Office, 1986
- Morgenstern, Joe; Robin Williams; Artikel in: The Weekend Guardian, 1991
- Sanella, Frank; The hairiest Man in Hollywood; Artikel und Interview in: Empire, 1991
- Schruers, Fred; Peter Pandemonium, Artikel in: Premiere, 1991
- Wadker, Joice; Robin Williams Heads for the Hills; Artikel in: Rolling Stone, 1984
- Weber, Bruce; Robin Williams: The Comic Vs. the Actor; Artikel in: New York Sunday Times, 1989
- Woodward, Bob; Wired; New York, 1985

Für dieses Buch wurden die angegebenen Bücher und Zeitschriften-Artikel, eine große Anzahl von Interviews und Filmberichten zu Williams' Filmen in den Zeitschriften cinema, Kino, videoplus, Premiere, Variety, Hollywood Reporter sowie die offiziellen Presse-Veröffentlichungen der Produktionsfirmen und Filmverleiher gesichtet und ausgewertet.